JN089101

わたしの

アールメラ 著　鈴木ファストアーベント理恵 訳

MY EMOTIONS AND ME

by

Art-mella

Published by arrangement with Summersdale Publishers Ltd.

through Japan UNI Agency, Inc., Tokyo

わたしがこの本を書いた理由

私はずっと、自分の感情とたたかってきました。
みなさんはどうですか？

感情の
除草剤
うーん……だいぶ
乾いてるみたい……
うわっ！

からからになったり……

……嵐のようにたかぶったり

あぁぁぁ！

こんな状態を
これ以上続けるのは
無理だと思い、
原因や解決策を
探ることにしたのです！

私はこれまですばらしいテクニックをたくさん学んだのですが、
ふと思ったのです――

なぜ私たちは、どういうときに
どんな感情になるかを学校で
教わらないんだろう？
少なくとも、算数と同じぐらい
役に立つと思うけどね！

よし、それなら！
“気持ち”をテーマに
マンガにしてみよう！

わたしのめちゃくちゃな心の片づけ方

もくじ

登場人物

アールメラ

この本を書いた人

ラティ

アールメラと一緒に感情テクニックを学ぶ

本文レイアウト・DTP ／マーリンクレイン
カバーデザイン／山田知子（chichols）

靴下のせいじゃない

もうがまんできない！
フォクシーがまた、
ソファの上に靴下を
置きっぱなしにしてる！
ものすごく、
いらいらする！
怒ってるんだね！
そうだよ！
もう、ほんと
がまんできない！
あのだらしなさ
なんとか
してほしい！
あなたが
怒ってるのは、
フォクシーのせいでも
靴下のせいでも
ないって言ったら、
どう思う？

そんなの
ばかげてる！
じゃあ、いっしょに
調べてみよう
悪いのは
フォクシーと
汚い靴下に
決まってる！
フォクシーの
靴下を見たら、
腹が立って
きたんだ。
簡単な
ことだよ！
そういうこと！

まあまあ、
落ち着いてワトソンくん。
もう少し詳しく見てみよう。

フォクシーの靴下を
見て、あなたとちがう
反応をする人は
いないかな？

うーん……そうだね、
ルームメイトのポーキーなら
きっとおもしろがるかな。
でも、ポーキーはブタだからね！

友だちのラティーヌなら、鼻歌をうたいながら靴下を
片づけるだろうな……
でも、ラティーヌは優しすぎるんだ！

ほうらね！
それこそが、
悪いのは靴下じゃ
ないっていう証拠だよ！
なんで？
説明して
あげる！

ラティが怒りの
気持ちを
感じるまでに、
１秒も
かからないよね。
フォクシー！
巻きもどして、
スローモーションで見てみよう。

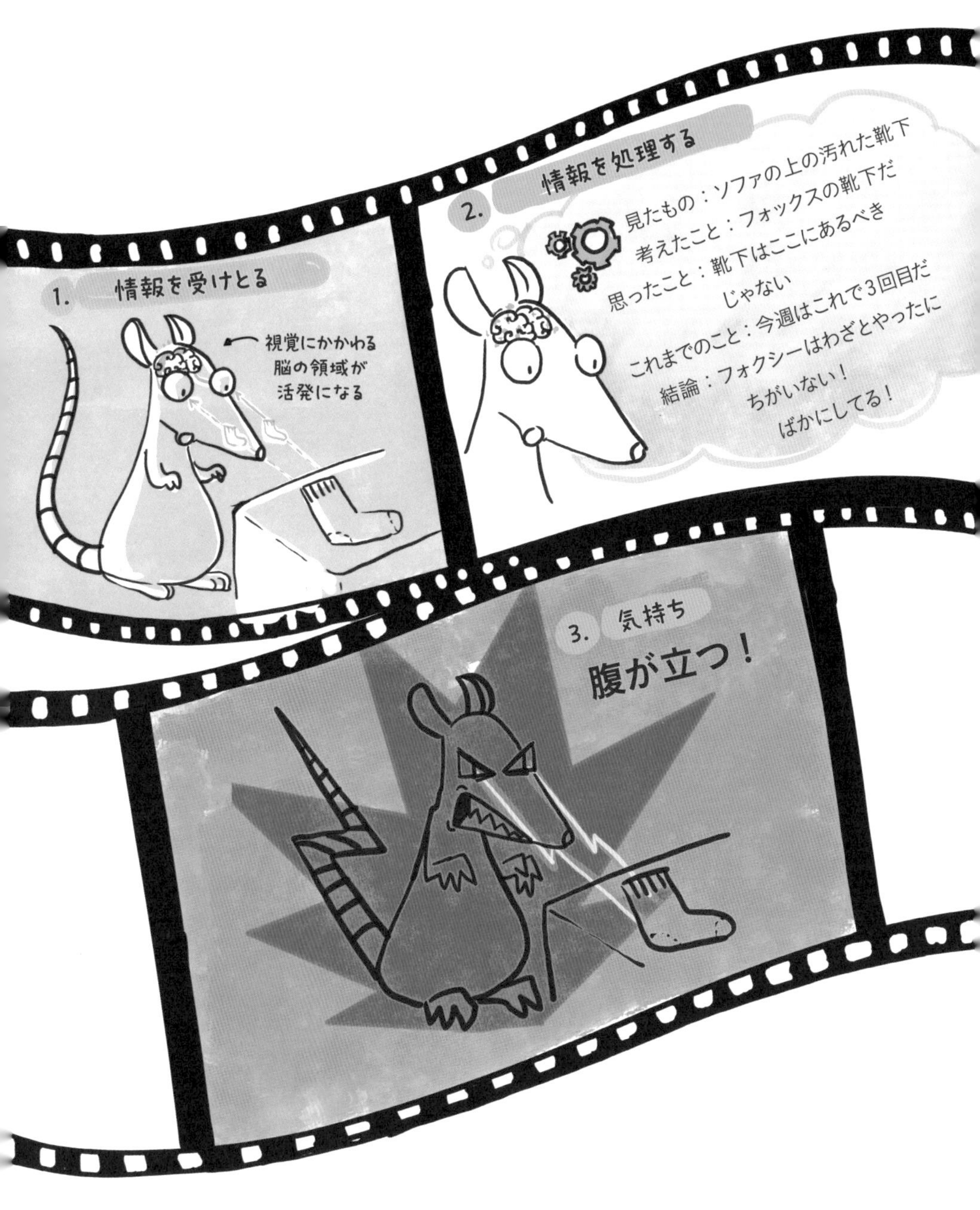

1. 情報を受けとる
視覚にかかわる
脳の領域が
活発になる
2. 情報を処理する
見たもの：ソファの上の汚れた靴下
考えたこと：フォックスの靴下だ
思ったこと：靴下はここにあるべき
じゃない
これまでのこと：今週はこれで3回目だ
結論：フォクシーはわざとやったに
ちがいない！
ばかにしてる！
3. 気持ち
腹が立つ！

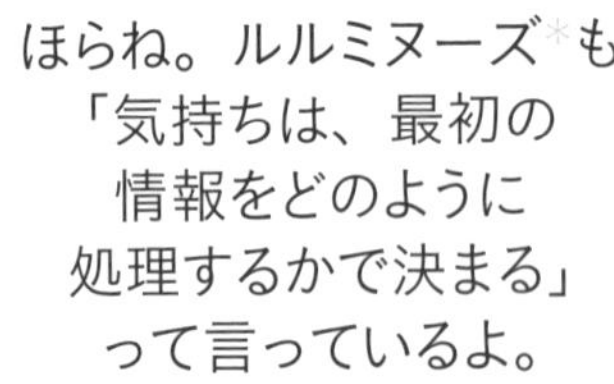

ほらね。ルルミヌーズ*も
「気持ちは、最初の
情報をどのように
処理するかで決まる」
って言っているよ。

その証拠に、同じ情報を
受けとっても、ほかの人は
別の反応をする。

悪いのは
情報じゃない
ってこと……？

でも……
情報をどういうふうに
処理すればいいの？
つまり……
ぼくのせいってこと？

そう！
自分の気持ちは、
自分しだい！
いいニュースでしょう？

* ルルミヌーズは、自分の心の内側を理解して、それをパワーに変えていけるように、
たくさんの人に勇気とひらめきを与えています。

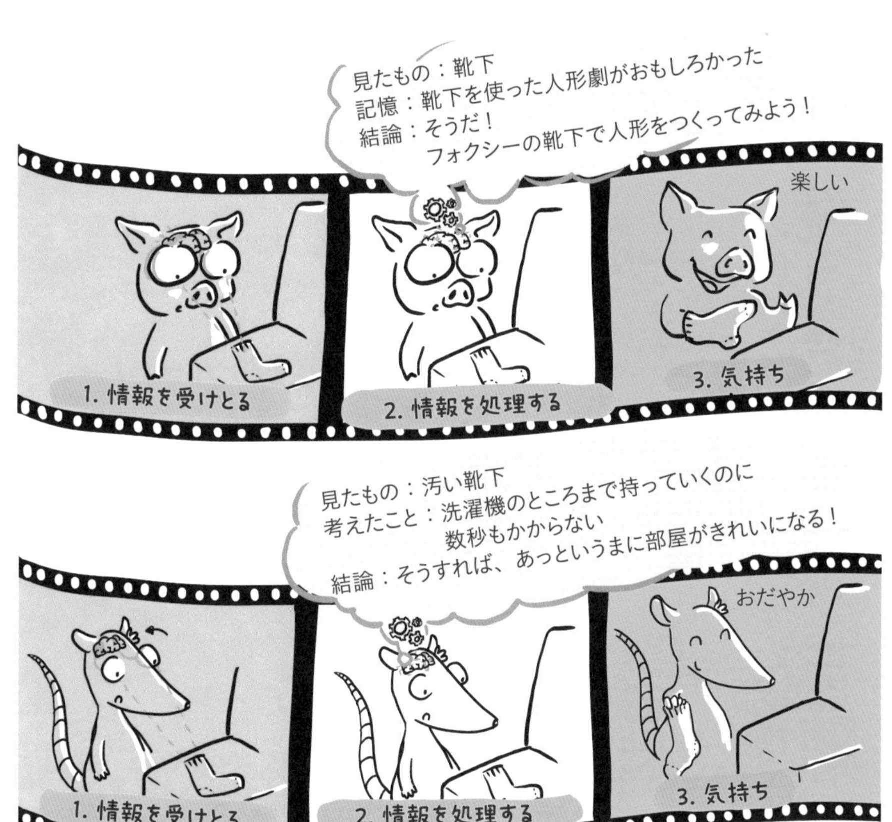
見たもの：靴下
記憶：靴下を使った人形劇がおもしろかった
結論：そうだ！
フォクシーの靴下で人形をつくってみよう！
1. 情報を受けとる
2. 情報を処理する
楽しい
3. 気持ち
見たもの：汚い靴下
考えたこと：洗濯機のところまで持っていくのに
数秒もかからない
結論：そうすれば、あっというまに部屋がきれいになる！
1. 情報を受けとる
2. 情報を処理する
おだやか
3. 気持ち

……怒ったときの気持ちが
自分のせいだなんて、
ものすごくいいニュース！

でもね、
いやだなと思うのが
自分のせいだとしたら、
いい気分になるのも
自分しだいって
ことだよ！

そうか！
そんなこと
考えたこともなかった。

ときには、怒りを感じることが大切な状況があると、覚えておいてください。なぜなら、怒りは何かが間違っているという合図にもなるからです。そういう合図は、自分の心とからだの安全を守るのに役立ちます。でも、ささいなことのはずなのに強い感情に飲みこまれそうになったときには、その気持ちがどこからきているのか考えてみましょう。

アクティビティ1
自分の考えに耳を傾ける

あなたはいま、何を考えていますか？　静かな場所に座って、自分の考えに耳を傾けてみましょう。心に浮かんだ言葉や場面を星のなかに自由に書いてみてください。

感情を歓迎する

自分の気持ちの原因が
自分にあるってことはわかった。
でも……ほんとうに強い感情が
わいてきたら、
どうすればいいの？

簡単よ。
感情を歓迎すればいい。

そう！　感情っていうのはね、
情報を運ぶ、ただのエネルギー。

重大ニュースが
あります！

感情にとって大切なのは、
あなたがメッセージを
受けとってくれるかどうか
ということだけ。

それなのに、
あなたが心のドアを閉めて
しまったら、気づいてもらえるまで、
ノックの音がどんどん
強くなっていきます！

ほんとうに
重大ニュース
なんだ!!

ドン！
ドン！
ドン！

来ないで！

なぜなら、
あなたの感情に
とっては、
あなたにメッセージを
受けとってもらうことが
とても重要だから！

あなたがメッセージを受けとってくれないと、感情は、ドアを叩く音をどんどん大きくします。しまいにはあなたのからだに、メッセージを伝えてくれるように頼むことさえあります（それが原因で病気になってしまうこともあるぐらいです）。

でも、ドアを開けてあげれば、感情はすぐにいなくなるから大丈夫！

ノックされつづけると、ドアがガタついて開かなくなることもあります。そうなると、感情に特別な愛情と思いやりをかけてあげないといけないかもしれません。

もう二度と
開かないかと
思った !!!
うぇぇぇーん……

それは大変！
どうすれば
いい？

空手チョップをするときに使う部分*を、
トントンとたたくだけでいいんだよ。
そうすれば、ドアを開けやすくなる。

トン、トン

トントンとしながら、
「○○（たとえば怒り）を感じているけれど、
私は自分自身を深く、
完全に愛し、受け入れます」
と３回繰り返してみて。

* はり治療などでも刺激する、潜在意識の葛藤や、ネガティブな思考などを取り除くのに役立つツボ。

わかった！
トン、トン
「怒りを感じているけれど、
ぼくは自分自身を深く、
完全に愛し、
受け入れます」（3 回！）
トン、トン
うーん、
もう気分が
よくなってきた！

そうなのです！
感情は、受け入れられて、歓迎されたとわかると
だんだんと落ち着いていきます。
（詳しい説明は34ページ！）

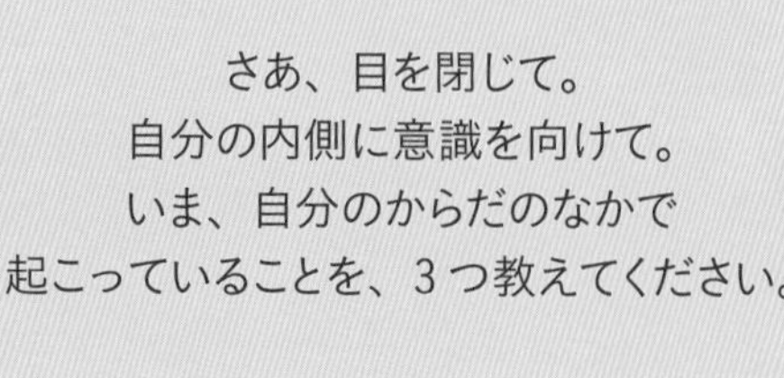

さあ、目を閉じて。
自分の内側に意識を向けて。
いま、自分のからだのなかで
起こっていることを、3つ教えてください。

うーん……緊張してる。

どうしてそう思ったのかな？
からだのどこに緊張を感じる？

みけんのあたり。
だからこんな顔してる。

オーケー。ほかには？

肩の筋肉も
ごりごりだ。

わかった。ほかには？

ええと……

どう感じる？
押されてる感じ？　引っぱられる感じ？
ちくちくする？　冷たい？　熱い？
上に引き上げられてる？　それとも下に？

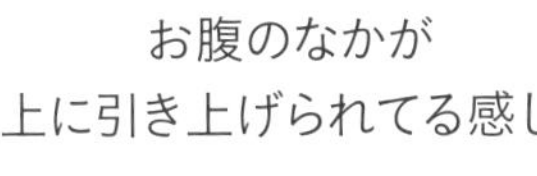
お腹のなかが
上に引き上げられてる感じ。

何か変化が
起こらないか、
そのまま待ってみよう。

あんまりいい感じじゃない。

いったん緊張が強くなるままにしてみて？
どうなるか、見てみようよ。

わかった……
何かが動いてる！
のどまで上がってきた！
そのまま
続けて。
なんだか息苦しくなってきた。
すばらしい！　呼吸が
荒くなってきたんだね。
そのままようすを見て。
ん？
あれっ、
なくなった？
終わったってことだよ！
よくできました！
感情を完全に歓迎できたんだ!!

もちろん！　恐怖心、突発的な怒り、過食症、嫉妬（しっと）、極度の不安といった、大きな感情の変化にも活用できます。

すごい！
言葉を使う
必要もない
ってこと??

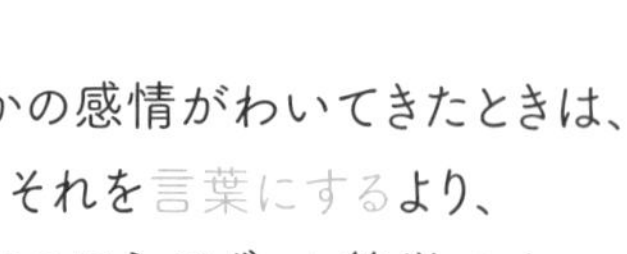

何らかの感情がわいてきたときは、
それを言葉にするより、
感じるほうがずっと簡単です。

たしかに。
ぴったりの言葉を
すぐに見つけるのは
難しいね。

なぜだか
わかる？
言葉をつくりだす
脳の領域は、
動きがとても
遅いからなんだ。

うわっ、
いまのは
なんだ？
言葉

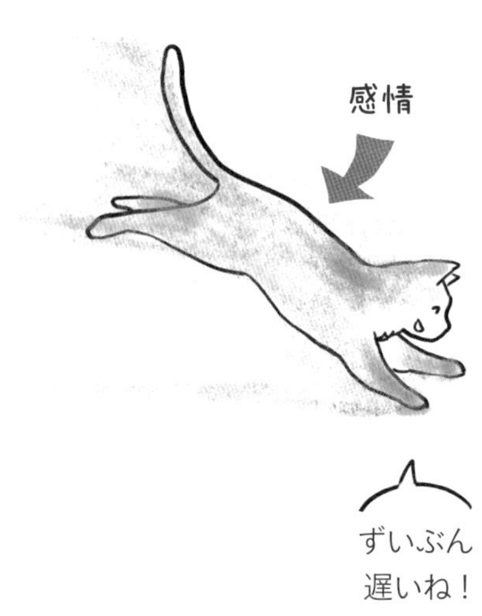
感情
ずいぶん
遅いね！

私たちの頭のなかにある、
脳の３つの領域*を見てみよう。

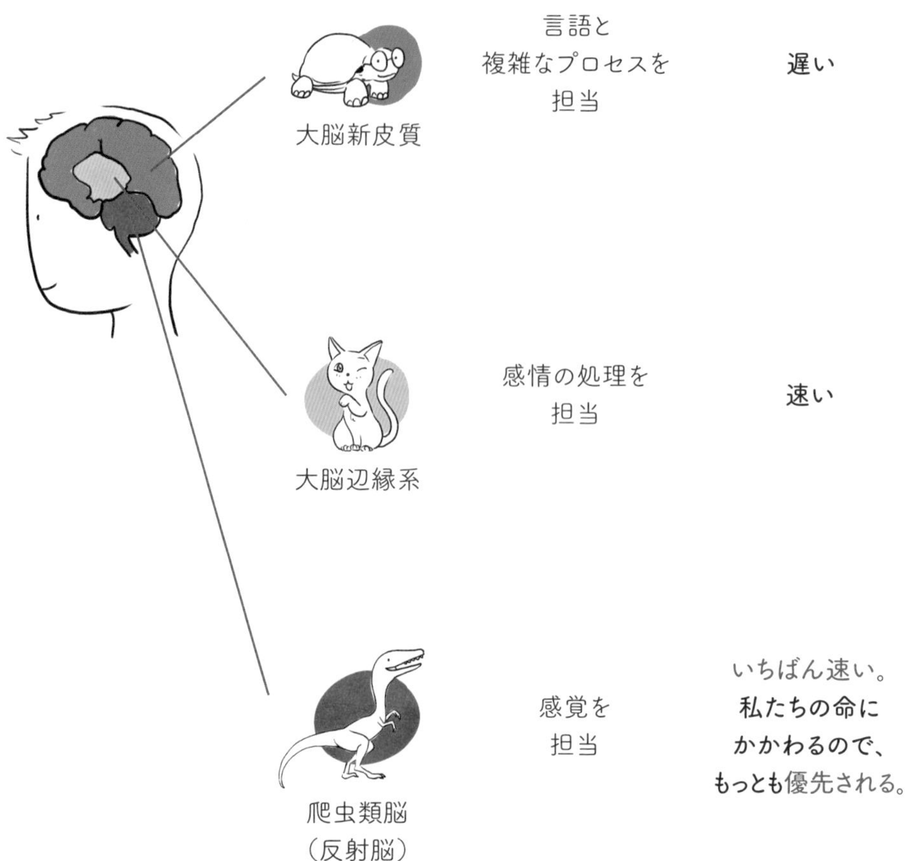

* これはもちろん、わかりやすくするために単純化しています。
私たちの脳は実際にはもっと複雑です！

だから、感情を歓迎するには、
自分の感覚に集中するのが
いちばん手っ取り早いのです。
（爬虫類脳＝最高速度！）

ニャー！
すごい！
これでリラックス
できる！

もちろん、時間が
たっぷりあるときには、
言葉を使って
感情を歓迎することも
できます。

その方法については、
144 ページで説明します。

TIPI（無意識の恐怖を識別するテクニック）メソッドに似た、リュック・ガイガーが提唱する潜在意識のトラウマの急速な感情浄化手法であるNERTIテクニックからヒントをもらいました。

アクティビティ2
感情のドアを開けよう

怒りや心配のように、できれば避けたい感情もあります。でも、そのような感情とうまく付き合うためにできることがあります。そのひとつが、23 ページでラティとアールメラが挑戦した“空手チョップ・エクササイズ”。

実際にやってみましょう。

1. どんなときに怒りや心配といったいやな気持ちを感じたかを思い出してみましょう。たとえば、手に持っていたボールを友だちに奪い取られたときとか。

2. そのときのことを詳しく思い出して、同じ気持ちがわいてくるのを感じてください。右のページのエクササイズを始める前に、いまの感情がどのくらい強いか、下の「感情メーター」にしるしをつけておきます。

3. 空手チョップ・エクササイズに挑戦してみましょう。

空手チョップをしながら、
たとえば次のように声に出してみてください。
「ボールを奪い取られて腹が立っても、
なぜそんなことをされたのかわからなくても、
私は自分自身を深く、完全に愛しています」

4. 何回か繰り返して、思考と感情の変化を見てみましょう。

- 2 回目：泣きたいぐらい悲しくても、私は自分自身を深く、完全に愛しています。
- 3 回目：怒りを感じていても、私は自分自身を深く、完全に愛しています。
- 4 回目：たぶんあの子たちは……ボールで遊びたくて遊びたくてしかたなかったんだろう。私もときどき、そうなることがあるしね。いやだなって感じたけど、私を傷つけるつもりはなかったんじゃないかな。

5. エクササイズをしたあとにもう一度、感情の強さを見てみましょう。

アクティビティ3
マインドフルネスになろう

マインドフルネスとは、すべての意識を何かに集中し、時間をかけて、いまこの瞬間に注意を向けること。マインドフルネスの練習は、感情にたくさんのよい影響をもたらします。マインドフルネスの魔法の効果には、次のようなものがあります。

リラックスした気分になる

心配事が減る

長時間、集中できるようになる

落ち着いて行動できるようになり、ミスが減る

注意力が増すので、
人の話をよく聞けるようになり、学習力が高まる

難しい感情にも対処できるようになる

ラティが挑戦したように、いまの自分の気持ちと向きあって、心を落ち着かせるマインドフルネス・エクササイズを試してみましょう。始める前に、いまの自分の気持ちを感情メーターでチェックしておきます。

- 座り心地のいい場所か横になれるスペースを探しましょう。
- 目を閉じてください。
- 頭のてっぺんからつま先まで、からだ全体に意識を向けましょう。
- からだのどの部分に緊張を感じますか？
- 温かいと感じますか？　冷たいと感じますか？　それとも、ちょうどいい？
- からだのなかで、ほかに何か感じることはありませんか？
- 押されたり引っ張られたりしているように感じるところはありませんか？
- 感情が浮かんで変化していくようすに注意して、
  それをただ観察してみましょう。
- 最初に感じた気持ちは、まだそこにありますか？
- 2つ目、3つ目の気持ちはどうでしょうか？
- いま、からだのなかで何が起こっていますか？
- 呼吸はどんな感じですか？
- もし、からだを動かしたい、伸ばしたい、向きを変えたいと思ったら、
  自由に動かしてください。
  あなたのからだは、ちょうどいいバランスを取るために
  何が必要なのかを知っています。
- 何が起こってもあるがままに、そのことだけに意識を向けてみましょう。

さあ、目を開けて。もう一度、感情メーターにしるしをつけてみましょう！

どの方向に向かってる？

「気持ち」や
「感情」を意味する
英語の「emotion」の
語源は、ラテン語で
「動かす」という意味の
「emovere」なんだよ。

「感情」
というのは、
動きなの！

つまり、
感情というのは、
私たちを動かす
エネルギーなんだ。

そう考えると、
感情のエネルギーが
自分をどこに
向かわせようと
しているかを知るのは、
とても役に立つことだと思う。

信じられない
かもしれないけど、
私たちにそなわっている
４つの基本的な感情には、
それぞれ役割と方向がある！*

そうなの？

そう！

怒り

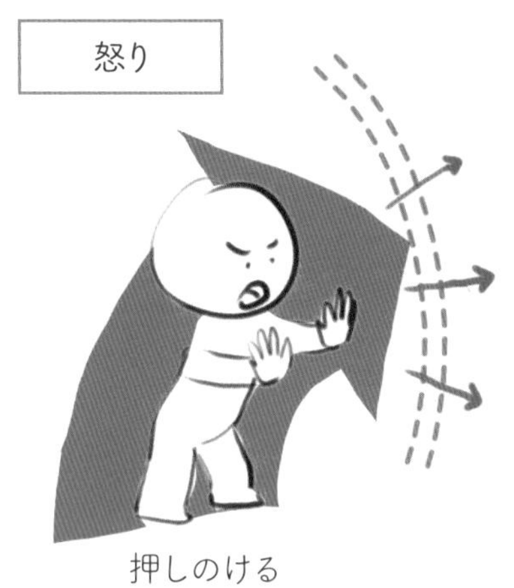

押しのける

たとえば、怒りは押しのける動き。
「ここまで！」という制限をつけたり、
ほかの人に入ってきてほしくない
自分だけの空間を
守ったりするのに役立つんだ。

そうか！　ぼくが
フォクシーに怒ったのも、
そのせいだ！

あはは……
たしかにそういう面も
あるかもね！

フォクシーの汚い靴下から、
ぼくのスペースを
守ったんだ！

アドリアン・ピレのウェブ・カンファレンスからヒントをもらいました。

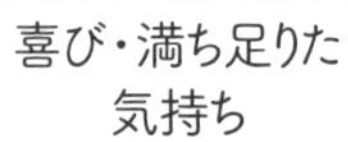

前に進む

喜びや満ち足りた
気持ちは、私たちが
前に進む力になる。

目標に向かって
進んでいくときに、
後押しもしてくれる。

そりゃそうだ！
楽しくなかったら、
やる気もでないもんね！

悲しみ

悲しみは、下向きの動き。

悲しいという気持ちは、
(最愛の人、プロジェクト、幻想などに対する)執着を
手放して、それらから解放されることを助けてくれる。

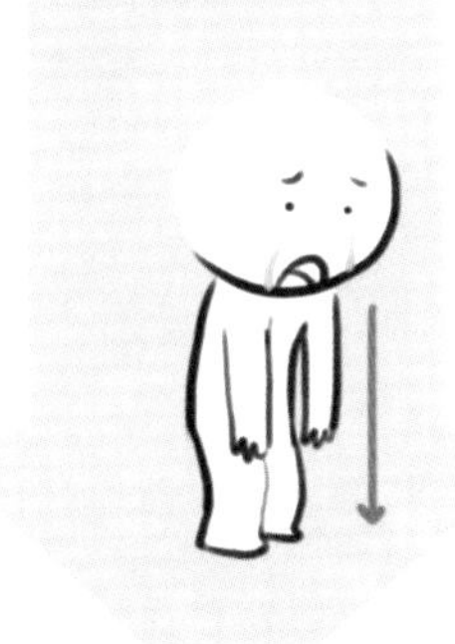

手放す

このことを知ってから、
泣くことは
大切なんだって
思うようになったよ!

たしかに!
泣くと気持ちが
すっきりすることがあるよね!
つまり、
ぼくたちが悲しむのには、
意味があるってこと?

恐れ・不安

恐れや不安は、うしろ向きの動き。

危険がせまっていて、
すばやく反応しなければならないときや、
心理的な境界線を意識するのにも役立つ。

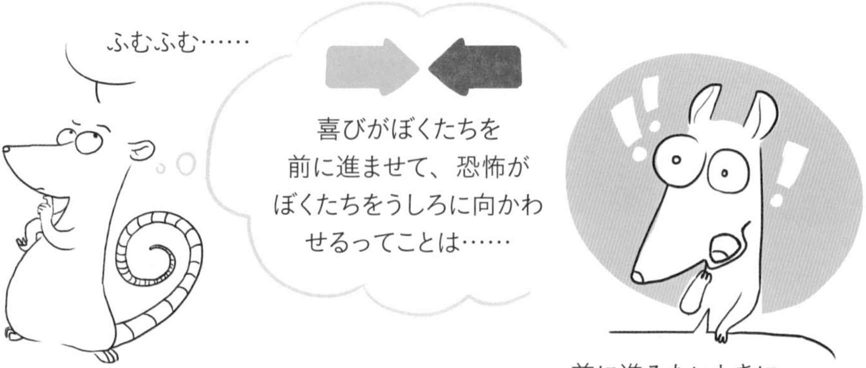

ふむふむ……

喜びがぼくたちを
前に進ませて、恐怖が
ぼくたちをうしろに向かわ
せるってことは……

……前に進みたいときに
心配するのは、
逆効果なのかな？

そのとおり！

じつは私も数か月前に、
そのことに気づいたばかりなんだ。

心配しながら前に進もうとするのは、
車のハンドブレーキをかけたまま、
アクセルを踏むようなもの！

そうすると、とても疲れるだけでなく……速く走れない！
おまけに、エネルギーをたくさん使うことになる!!!

アクティビティ4
どんな感情を抱いても大丈夫！

ほんとうのことです！　いやだな、避けたいなと思う感情もありますが、だからといってその感情が悪いとか、間違っているということではありません。それがあなたを傷つけることもありません。

質問を読んで、感じた気持ちにしるしをつけてみましょう。

友だちと遊ぶ約束をしました。家に遊びに来てくれるのがとても楽しみで、部屋をきれいに片づけました。それなのに、その友だちは、あなたの部屋をひどく散らかして帰っていきました。

どんな気持ちですか？

怒り／悲しみ／恐れ／喜び

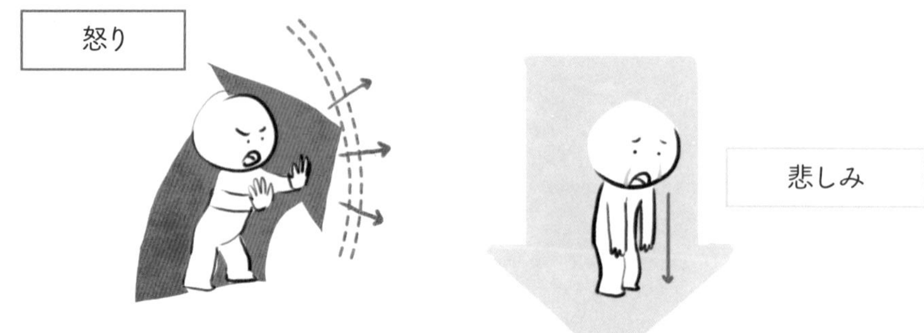

授業中、先生にあてられてしまいました。難しい質問だったので答えられるか自信がなかったけど、正解できました！

どんな気持ちですか？

怒り／悲しみ／恐れ／喜び

お小遣いで買ったばかりのアイスクリームを床に落としてしまいました。

どんな気持ちですか？

怒り／悲しみ／恐れ／喜び

心、からだ、呼吸

いま思えばあたりまえのことなのに、
理解できるようになるまでに時間がかかったことがあります。

感情は、からだのなかを
駆けめぐるエネルギーなのです。
ちょっと電気に似ています！
もうこれ以上は
無理 !!!
ああああ！
（感情：12 ボルト）

まず確認してほしいのは、自分のからだが、その感情を受け止められるぐらい健康かどうかということ。そうでないなら、まずはからだをきたえないと！

気持ちのケアには、ほんとうに
からだもかかわっているの？
そうだよ！
じつはね、こんな研究結果があるの。
悲しい気分の人が
背筋をピンと張って立つと……
悲しい気持ちでいるのが
難しくなるんだって！
えぇっ？　ほんとう!?

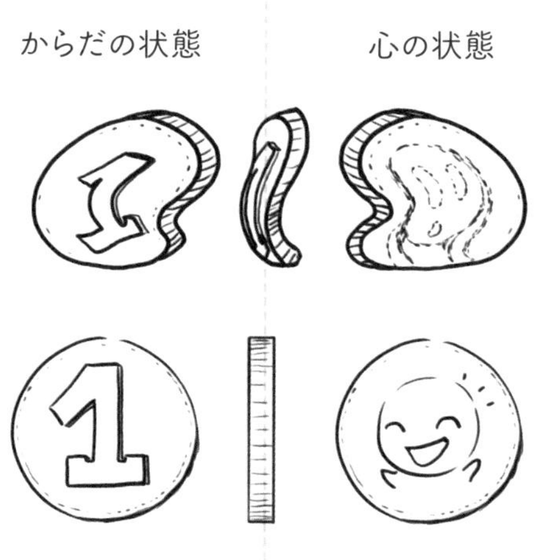

東洋の哲学では、心とからだはコインの裏表の
ようなものといわれています。

からだのほうが、心よりも簡単に変化させられるので、
まずはからだをきたえよう !!

つまり、運動をして、規則正しく食事をして、
よく眠れば、元気でいられるってこと？
そう！　あと、呼吸も大切！
へえ！

呼吸は無意識のうちに
自然と調整されていますが、
呼吸がうまく調整されれば、
気持ちも整います。

もう、怒りが
沸騰して、
かんかんだ！
ふうううぅぅー!!!

ジャジャーン！
大きく息を吐いたら
怒りの湯気が
消えました !!

そうそう！
ハハハ！

声に出して笑うと、
喜びを外に出せる。

大きな声で叫ぶと、
不安や怒りを
吐きだせる。

私たちは、自分でも気づかないうちに、
小さな声や音をたくさん出しています。
これは、私たちの健康にも大切なことです！

でもね、意識的に呼吸をすることは、
それ自体がひとつの技でもあるの！
呼吸には、中国の気功やインドの
プラーナヤマ呼吸法のように、
何年もかけて習得するような
テクニックや実践法がたくさんあるんだよ。

またまたー　何年もかけて、
呼吸のしかたを学ぶの？

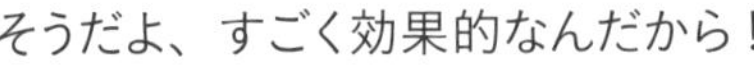

そうだよ、すごく効果的なんだから！

たとえばね、「アフガニスタン式ウォーキング」
と呼ばれる呼吸法。
この呼吸法をマスターすると、とくにきたえていない人や、
子どもでさえも、疲れずに何日も
歩きつづけられるんだ！

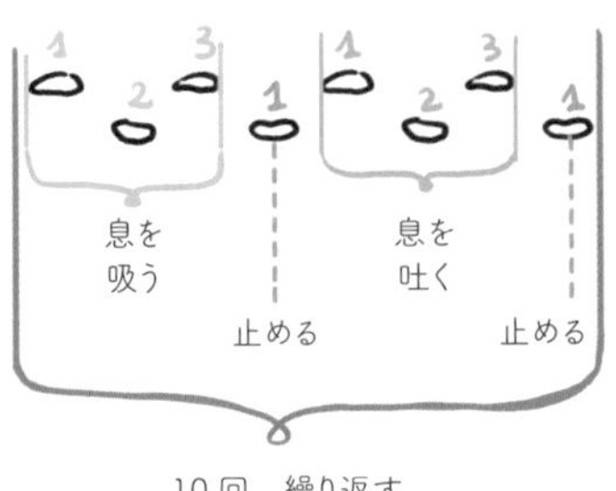

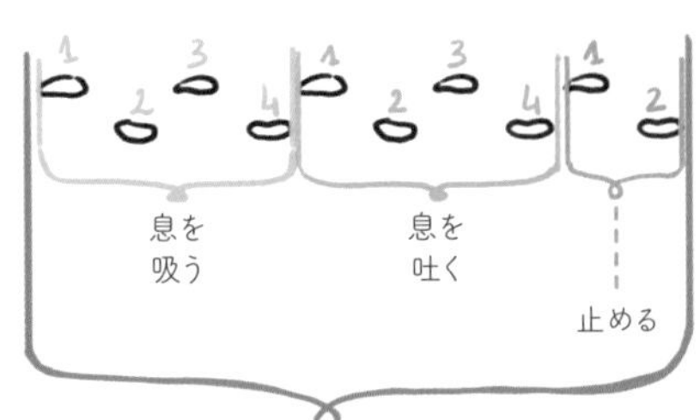

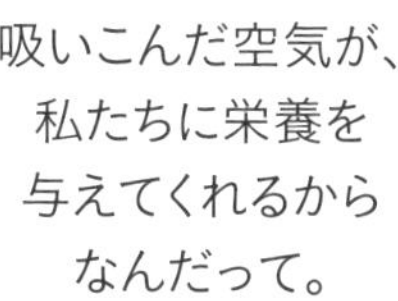

吸いこんだ空気が、
私たちに栄養を
与えてくれるから
なんだって。

まさかと思うかも
しれないけれど、
意識的な呼吸は、
私たちのからだに
栄養を与えて、
自然に強くして
くれるってわけ。

ぼくにも呼吸法を
教えてくれる？

もちろん！
ディルガ・プラーナヤマのような、
３ステップの楽しい呼吸法＊から
始めるのがおすすめ！
（海の波みたいで、私のお気に入り！）

＊ヨガのクラスで習いました。

鼻から息を吸いこんで

1 まずはお腹に

2 次に胸に

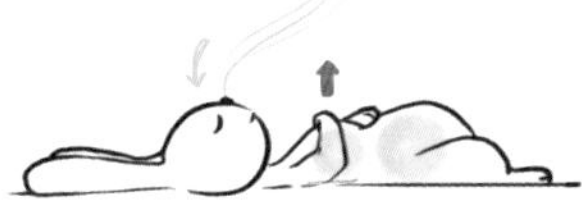

3 それから鎖骨に
息を送ります

（片方の手をお腹に、もう片方の手を胸にあてると、動きを感じやすくなります）

鼻から息を吐きだす

1 鎖骨を下に
戻して

2 胸を空にして

3 最後にお腹を
空っぽにします

うーん、すごく
気持ちいい……
私は、
横になってするのが
いちばん好き。
完全に
リラックスできるから！

でも、いつでも、
2、3 分の時間があれば、
すぐにできるよ。
呼吸に意識を向けて、
肺を完全に空っぽにして、
緊張を解き放とう。

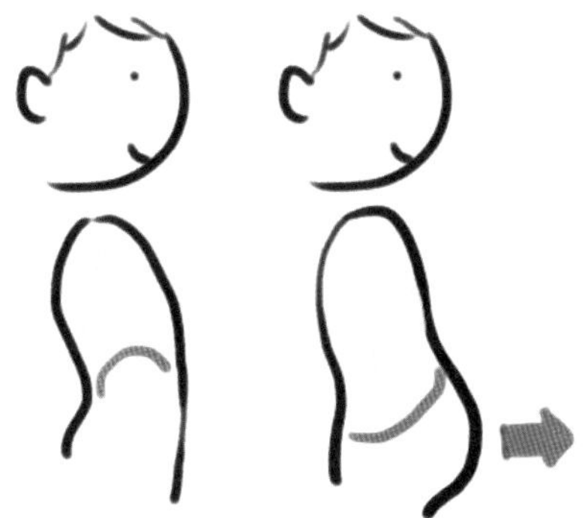

（お腹を膨らませながら、
鼻から息を吸う）

イェイ！
これなら30万ボルトの
感情が押し寄せて
きたってへっちゃら！
私の感情回路は強力で、
どんなに強い感情だって
きちんと受け止められる！
お墨つき！
感情：
30万ボルト

感情を
受けとって……
カーメーハーメー
ハーーーーーーッ！
ハーーーーーッ！

アクティビティ5
緊張がからだの迷路から抜けだすのを助けよう

いやな感情は、あなたのからだから出ていこうとしているドラゴンのようなもの！　からだのなかでむくむくと大きくなる感情は、出口を探してさまよっているドラゴンの足跡だと考えてみましょう。その足跡に注意を向けることで、ドラゴンが出口を見つけられるよう手助けしてあげましょう！

出口 ↑

アクティビティ6
背筋をまっすぐ伸ばして立つ

立ち方や動き方を少し変えるだけで気持ちを押し上げる効果があり、自信をもてるようになります。姿勢をまっすぐにしてみましょう。研究によると、2分間、背筋を伸ばして立つだけで、すぐに幸福感と自信がわき上がってくるそうです。背中をぴんと張って、どれだけ気分がよくなるか試してみてください！

足を肩はばに開いて立ち、両手を上げて、試合で決勝点を決めたときのようなポーズをしてみましょう。

幸せメーターにしるしをつけて、幸せの度合いをチェックしてみてください！

感情のコンパス

喜び・満ち足りた気持ちは、
私たちに、
目標達成や成長のための
自然な方向を示してくれる。

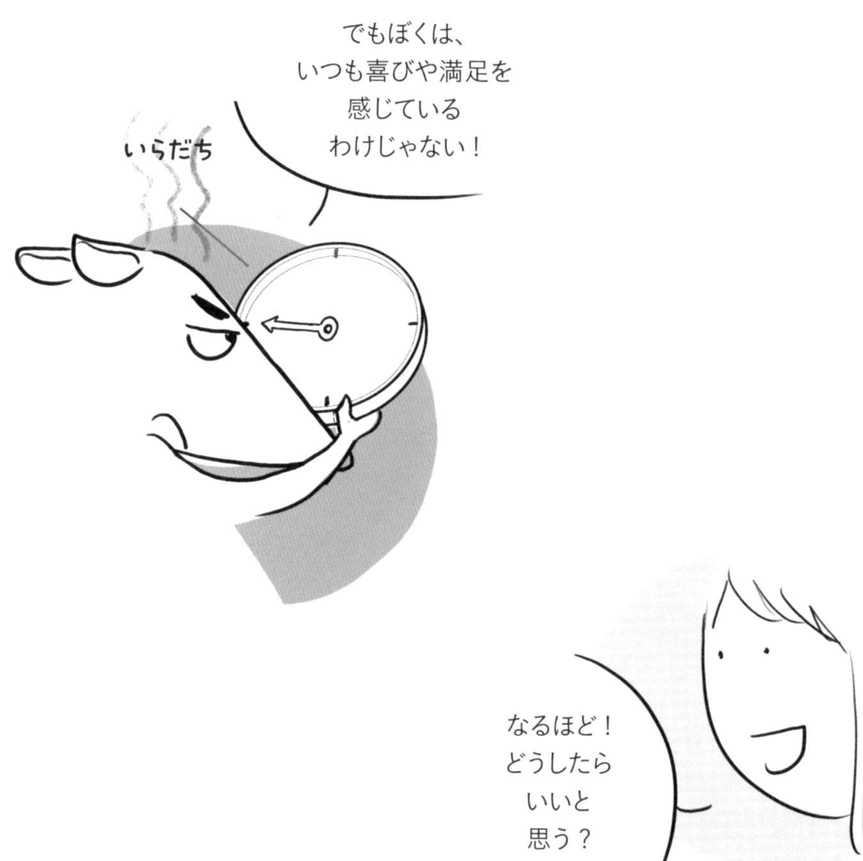
でもぼくは、
いつも喜びや満足を
感じている
わけじゃない！
いらだち
なるほど！
どうしたら
いいと
思う？

うーん……

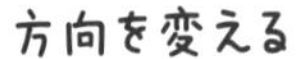
方向を変える
とか？

おっ、
うまくいったぞ！

私たちがいらいらしているときには、
エネルギーの方向が間違っていることが多い。

喜び、満足！
いらだち
あぁ、ぼくが
いらいらしているのは、
心から楽しいと思えることを
していないからだ！
どれどれ……
コンパスがいうには……
ぼくにはいま、
ココアが必要なんだって！
私もいっしょに
ココアを飲みたい！
もちろん！

ささやかな楽しみは、正しい方向を保つための助けになります！

5つの人生を想像してみよう

感情のコンパスは、
長いあいだ戸棚に
しまいっぱなしにしておくと、
うまく動かなくなることが
あります……。
どうしたら喜びを感じられるのか、
どちらの方向に進めばいいのか
わからなくなってしまうのです。

あーあ……
しばらく
使われて
なかった
みたい！

コンパスをまた使えるようにするための楽しいゲームがあります。
すごく役に立つし、友だちのあいだでも大人気。

もし、いまの人生の
ほかに5つの人生を
生きられるとしたら、
どんな人生を
送りたい？
えーっと
……

ぜんぶ
書きだしてみて！
そうだなぁ
……
1）まずは、
パイロットに
なりたい！
2）それから……
フラメンコダンサー！
なぜか
わからないけど、
ずっと興味が
あるんだよね……
3）あとは……
エキセントリックな
芸術家だな！
だれも想像が
つかないような
とてつもないものを
たくさんつくるんだ！
楽しいだろうなあ！
4）ほかには、深海に潜るダイバー。
海底とか魚のことを
ずっと知りたいと思ってたから……

注意！

ページをめくる前に、
右ページのリストを完成させてください!!

アクティビティ7　パート1
5つの人生エクササイズ

どんな人生を送りたいですか？　吹き出しのなかに5つ書いてみましょう。

次に、毎週少しずつ、
5つの人生を実際に生きてみよう！
えっ？
飛行レッスン｜
たとえば、飛行機の操縦法を
習ってみたいと思ったことない？
スキューバダイビングのクラブに
入会してみようと思ったことは？
うわー！
考えたこともなかった！

このゲームは、ジュリア・キャメロンの『ずっとやりたかったことを、やりなさい。』（サンマーク出版）という、すばらしい本を参考にしました。

アクティビティ7　パート2
5つの人生エクササイズ

次に、それぞれの人生を少しずつ生きるにはどうしたらいいか、考えてみましょう。具体的に何をしたら実現できるでしょうか？

いくつもの時空のバミューダトライアングル

感情のコンパスは
すばらしいツールだよ！

でもひとつだけ、
ちょっとした弱点がある。
自分が異なる複数のタイムゾーンに
同時にいることに気づくと、
コンパスがおかしくなって、
使いものにならなく
なってしまうんだ。

ビー！　ビー！　ビー！

何ごとだ？

いくつもの時空からなる
乱気流の空域を通過中です！
キャプテン、ナビゲーションシステムが
まったく作動しません！

過去と現在、未来に
同時にいるとき、私たちの思考は、
にせものの感情をつくりだします。

何か言うべき
だったな……

起こらなかった過去に
対する後悔

失敗したら
どうしよう……？

まだ起こっていない
未来への不安

揺れ動く感情！
決断をくだすときに、
そんな感情を
頼りにしてはいけません！

＊ルルミヌーズ、この考え方を共有してくれてありがとう！

これこそが、何かをするときはひとつのことに集中し*、
つねに「いまこの瞬間」に戻ることを、
多くの人がすすめる理由なのです。

歯を磨いているときは、
歯を磨くことだけに
集中しよう。

ミケル・デュフェイ**
がいうように、
いまこの瞬間に戻る
もっとも簡単な方法は、
自分のからだに
意識を向けること。

そうだよ！
たとえ心が
時空を飛びこえて、
行ったり来たり
することが
できても……

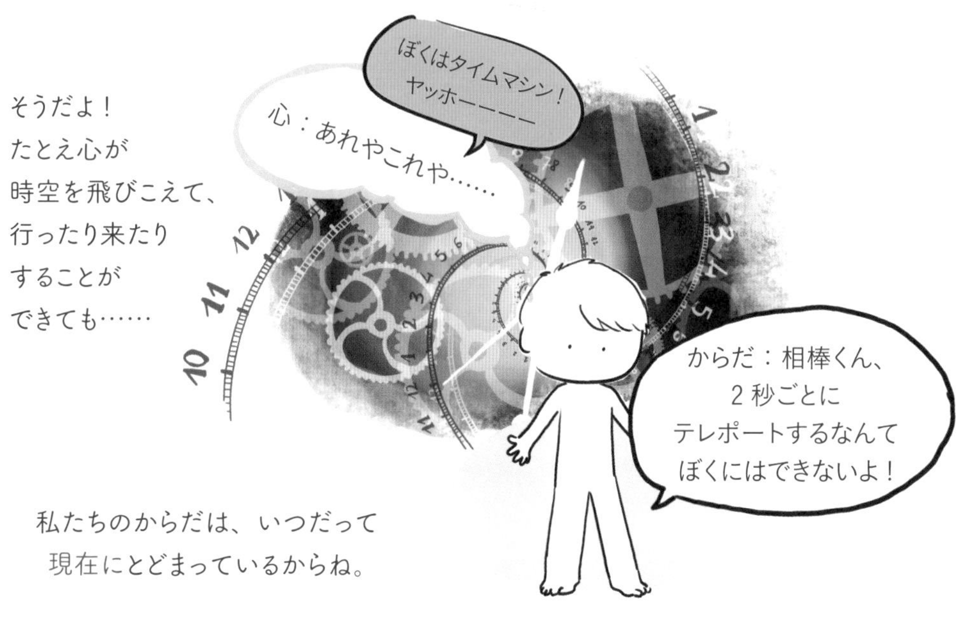

私たちのからだは、いつだって
現在にとどまっているからね。

いまこの瞬間にとどまるために、
五感を使ってできる楽しいことがたくさんあります！　たとえば――

見る：細かい部分を
観察したり、
全体像を見たりする

感じる：着ている服、
呼吸のパターン、体内の感覚、
ものの感触などを感じたりする

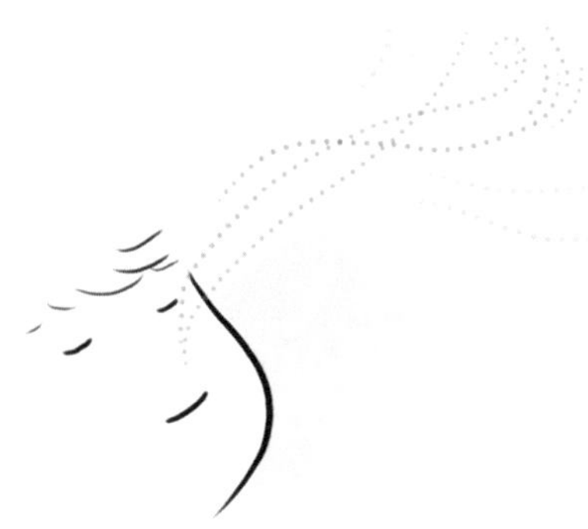

嗅ぐ：自分のまわりの香りや
においを嗅ぐ

聞く：外からの音や
自分の内面からの音に耳を傾ける

味わう：食べるときは、
いろいろな味を意識して楽しむ！

＊もっと詳しく知りたい人は、エックハルト・トールの『さとりをひらくと人生はシンプルで楽になる』（徳間書店）が参考になります。
＊＊ライフコーチ、教師、セラピスト

マインドフルネス・クッキー

「マインドフルネス」は、理論としてはとても単純に思えたので、わざわざ自分の生活に取り入れませんでした。ところがある日……

もぐもぐもぐ……
ぱくぱく！
おいしい！

えっ？
もうほとんど空っぽ？
それなのに
味をぜんぜん覚えてない！

よし、次の１枚は、
感覚をぜんぶ使って
味わおう！

むむむ……
鼻先をくすぐる
チョコレートの
おいしそうな
甘い香りが、
鼻の奥まで届いて……

うわぁ、こんなかわいい
模様がついていたなんて、
まったく気づかなかった！

指先に触れる、
クッキーのちょっと
でこぼこした感じ……

おいしい！　最初のひと口でチョコレートのフレーバーが
口のなかいっぱいに広がって、くちびるには
とろりとしたチョコレートが残り、舌は香ばしいビスケットを感じて……

クッキーのサクサクした歯ごたえが
……むむむ……クリーミーな
チョコレートと
混ざりあう……
口のなか全体で
味を感じて……
言葉では
あらわせない、
このきらめき！

すごい！
たった1枚の
クッキーで、
こんなにたくさんの
感覚を
味わえるなんて！

最後の1枚は、
次にとっておこう。
ものすごくおいしかったから、
1枚でもう満足！

ぼくのいとこが出演している映画
『レミーのおいしいレストラン』
を思い出したぞ！

それ以来、何を食べるときも同じようにしてるんだ……

好きなもの……

ちょっと苦手なもの……

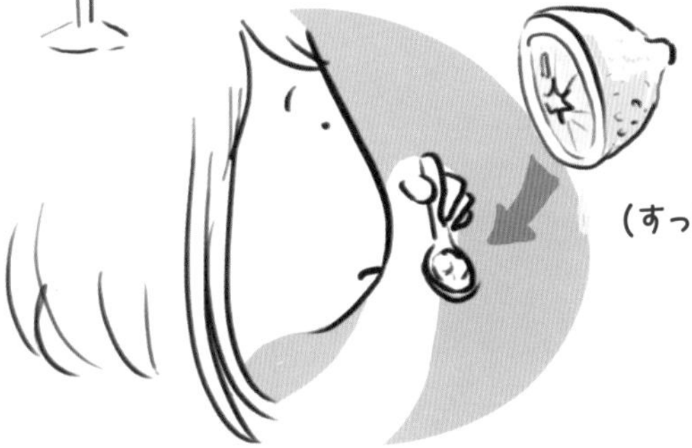

（すっぱいもの）

苦手なものだって、がまんして飲みこんだり、
味がなくなるまで待つかわりに、
口のなかで起こっていることに集中すると、
突然その感覚が……

わあ、なんだか温かい感じがする。歯ぐきが
むずむずして、唾液がたっぷり出てきて……

人間の生活を体験している宇宙人になった気分！

今度、何か楽しいこと、
あるいは、あまり楽しくないことを
経験するときに試してほしい
ゲームがあります……

「私は人間の感情を実験している
エイリアン！」ゲーム

うわぁ、おもしろそう！

アクティビティ8
五感をフルに使ってみよう

静かな時間を味わってみましょう。タイマーを1分セットして、ただ耳をすましてみてください。

何種類の音が聞こえますか？　どこかの部屋の床がきしむ音、窓の外の枝にとまる鳥の声など、ごくわずかな音も聞こえますか？

上空を飛ぶ飛行機の音から自分の呼吸音まで、遠くの音や近くの音に耳を傾けてみましょう。

1分たったら終わりです。何種類の音が聞こえましたか？　次のページの大きな耳のなかに書きだしてみてください！

アクティビティ9
ポジティブ・セルフトーク

ものごとのとらえ方を変えるだけで、気持ちがどれほど変わってくるか。そのことには驚かずにはいられません！　次の２つのアクティビティでは、ポジティブ・セルフトークのスキルを学んでいきます。ポジティブ・セルフトークとは、自分を元気づけ、次につながるような言葉をかけることです。たとえば、テストの結果が予想していたより悪かったとしましょう。私たちはつい、「バカだった、もっとがんばらなきゃいけなかったのに」と思ってしまいます。でも、自分を元気づける前向きな言い方もできます。

「テストの日、私はできるだけのことをした。それに学びに失敗はつきものだ。私はこれからも努力を続けるし、次はもっとうまくやれるはず」

ぼくのバカ！
もっとできた
はずなのに！
ベストをつくした。
失敗からも学んだ。
次はもっとうまくできる。

実際にやってみましょう。次のような状況を想定して、自分にかける優しい言葉を考えてみてください。

お気に入りのシャツにオレンジジュースをこぼした。

宿題を家に忘れてきた。

アクティビティ10
ポジティブ・アファメーション

自分のことをポジティブにとらえて、それを口に出すと、大きな自信につながります。毎日繰り返すことで、心配ごとが減り、心とからだが健康になり、幸福感が高まります。自分に毎日言い聞かせるのにぴったりな言葉をいくつか紹介しましょう。

自分で決めたことは、
何でもできる

私はちがいをつくりだせる

私は自分を信じている

私は自分が大好きだ

私はすごい

自分だけのポジティブ・アファメーションを追加してみましょう。

思考を中和する

仏教の賢人は、苦しみとは思いこみ、
つまり自分の考えを正しいと
信じてしまうことから
生まれる、と説いています。

もういや！　最悪！
まただ！　私ばっかり！
なんにもいいことなんてない！

そして、そのような思考にとらわれず、
雲のようにただ過ぎ去っていくのを
見守るようにすすめています。

私は、そういう思考から
自分を解放するのに
苦労した経験があります！
みなさんはどうですか？

そんな状況を変えるために、クォンタム・ヒーリングの
エクササイズを試してみませんか？

その前に、
このヒーリング方法
について少し
説明しますね！

それは、この世界では
すべてのものごとが
真実であると同時に
その反対も真実であることに、
気づくという方法です。

たとえば、私は……

いじわるな
人間なのか……

思いやりのある
人間なのか……

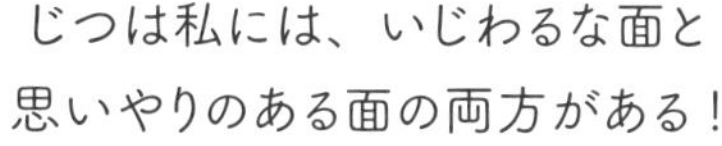

じつは私には、いじわるな面と
思いやりのある面の両方がある！

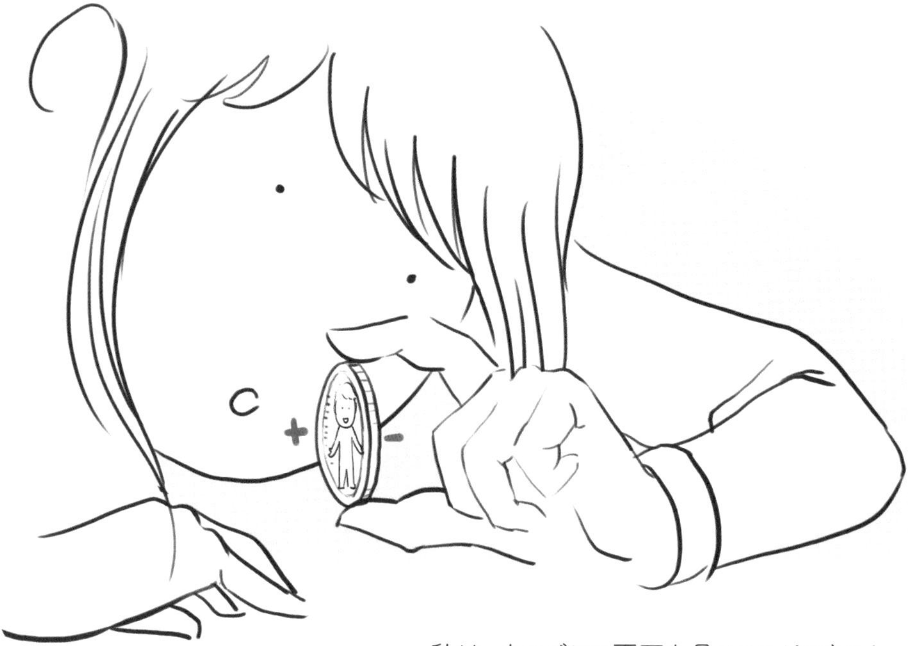

私は、ものごとの両面を見ることができる！

同じことが、思考にも当てはまります！

そして、
自分を苦しめる
思考を
中和する
には……

……反対の思考で
バランスをとるだけ
でいいのです！
反対の思考もまた
真実なのですから！

そんなのおかしいよ！　ぼくが考えていることと
反対のことが、どうして真実になるのさ！

じゃあ、試してみようか。
ラティがいやな気持ちになる状況を
思い浮かべてみて……

うーん、お母さんのこと
なんだけど……

あれでね……　私は、
ゃくちゃ、ぺちゃくちゃ……それでさ……
でね……　私は、私は　ぺちゃくちゃ、
ゃくちゃ……　あれでね……　私
は、私は　ぺちゃくちゃ……
は、私は、

電話で話すと、
いつも自分のこと
ばっかり！
とにかく一方的に
話すから、
いやになるんだ！

そうなんだ！　じゃあ、
「〇〇のとき、〇〇と感じる」
っていう言い方で、
思考を書きだしてみよう。
……のとき、
私は……
……と感じる。

やってみるよ……。
お母さんがずっと自分のことばかり話すのを聞いているとき、
ぼくは、お母さんにとってどうでもいい存在だ、ぼくの考えなんて
聞く価値もないんだと感じる。

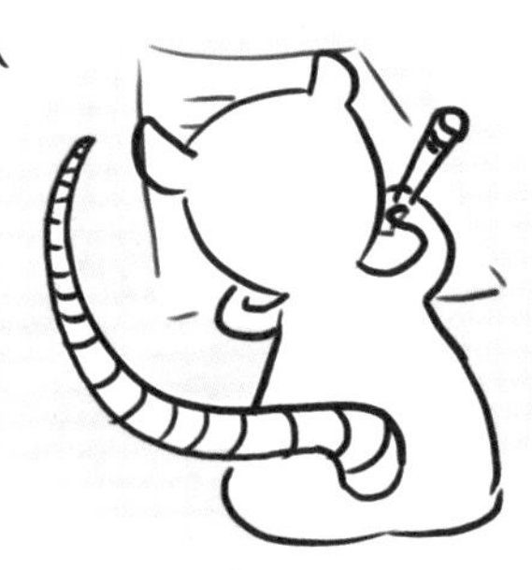

その調子！　そしたら今度は、
「〇〇なのは、まさに〇〇だからだ」
という文をつくって、
最初に考えたことと
反対のことを言ってみて。

「お母さんが自分のことばかり話すのは、
まさにぼくがお母さんにとって大切な存在であり、
ぼくの考えを聞きたいと思っているからだ ???」*

そうだね、最初は想像するだけでも
大変かもね……。だってそんなこと、
いままで考えたことも
なかったわけだから……

こんなのおかしいよ！

……それに、そんなふうに考える
神経回路も
存在しないからね！

でも考えてみて……
打ち明け話をするとしたら、だれにする？
ぜんぜん尊敬できないような人？

うーん……ちがうな。

ふつうは、
信頼できる人や
大切な人
でしょう？

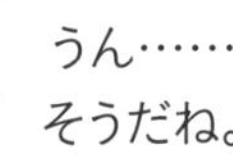

今度は、お母さんに
してもらいたいと思うことのリストを
つくってみて。それから、
その主語を「お母さん」から
「ぼく」に置きかえる。
さて、何が起こるかな？

＊この文は肯定文で書いてください！

えーっと……
「ぼくはもっと自分の声に耳を傾けるべきだ。
もっと自分に注意をはらおう」
うわぁ！　そうだよね、
自分の声に耳を傾けるのも、
自分のことを大切にするのも難しいんだ!!
えーーっ!?
ぼくは、
自分でもなかなか
できないことを、
お母さんに
やってほしいって
期待してるの
かな……!?
ね、おもしろい
でしょ？

いやな気持ちにさせる思考と、その反対の思考を組みあわせると、
エネルギーがおたがいを打ち消しあいます！

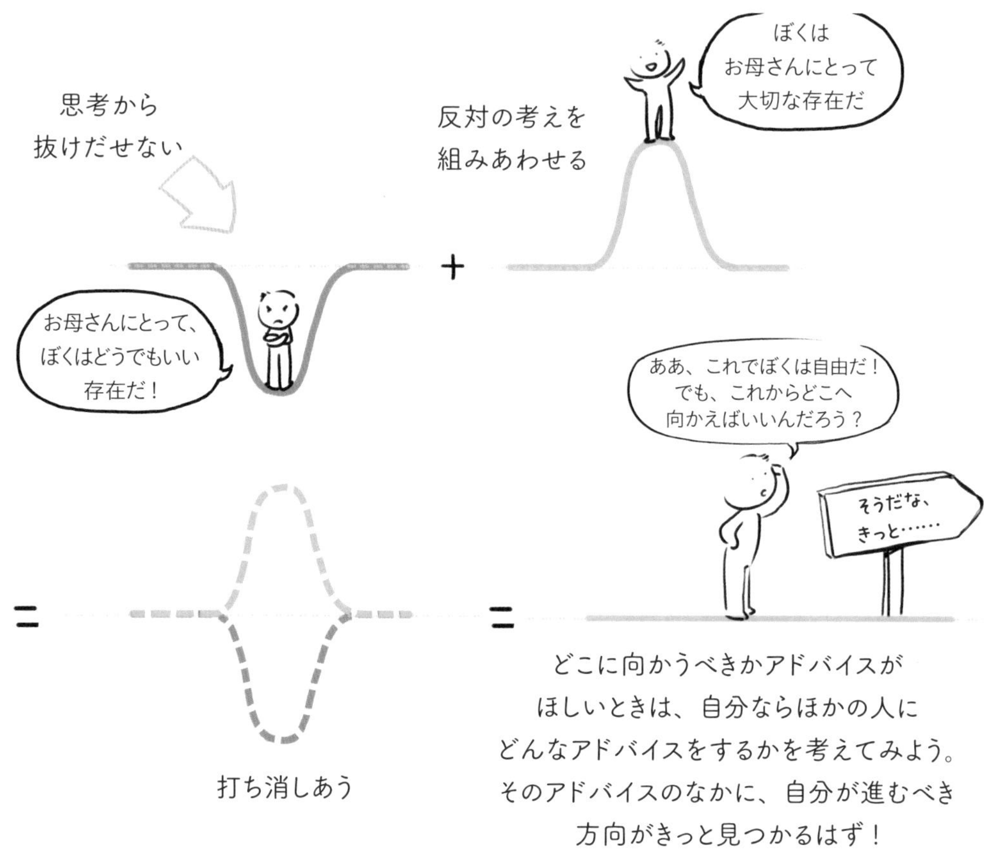
思考から
抜けだせない
お母さんにとって、
ぼくはどうでもいい
存在だ！
+
反対の考えを
組みあわせる
ぼくは
お母さんにとって
大切な存在だ
=
打ち消しあう
=
ああ、これでぼくは自由だ！
でも、これからどこへ
向かえばいいんだろう？
そうだな、
きっと……

どこに向かうべきかアドバイスが
ほしいときは、自分ならほかの人に
どんなアドバイスをするかを考えてみよう。
そのアドバイスのなかに、自分が進むべき
方向がきっと見つかるはず！

粒子と反粒子が衝突すると光が発生して、
おたがいのエネルギーを打ち消しあうのよ。

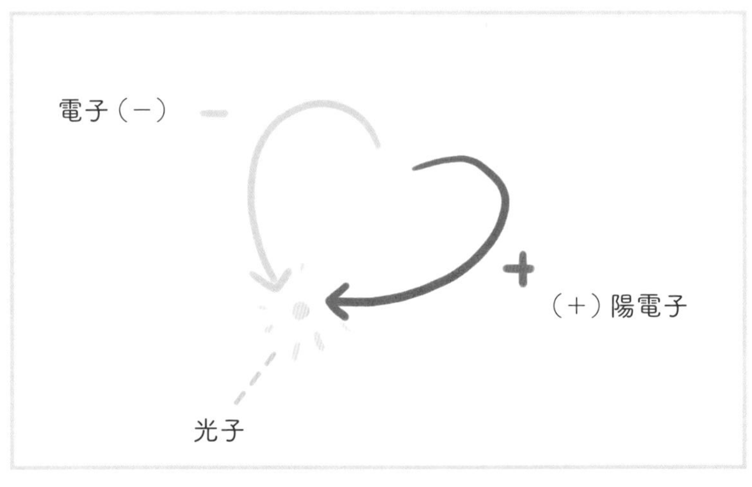

同じように、ひとつの思考とそれと正反対の思考がぶつかると、
魔法が起こって、おたがいのエネルギーを打ち消しあう……。

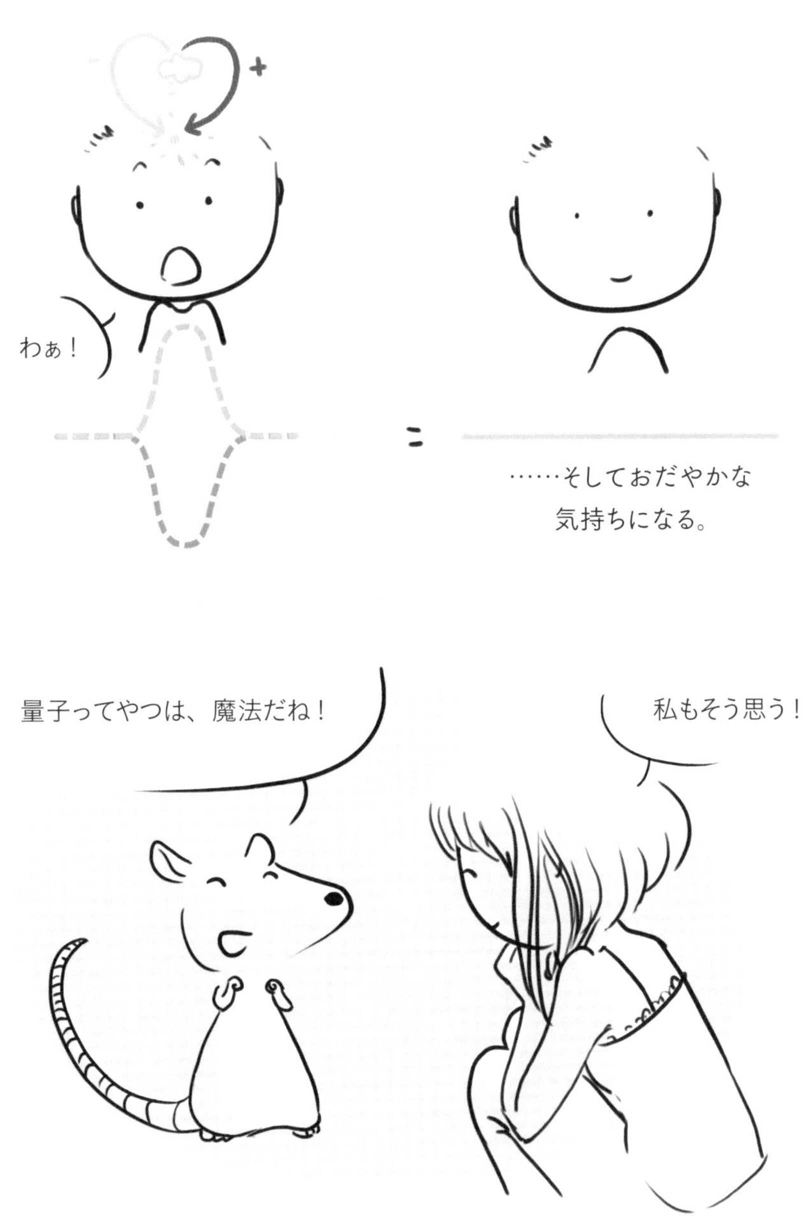

わぁ！
……そしておだやかな
気持ちになる。
量子ってやつは、魔法だね！
私もそう思う！

バイロン・ケイティの「The Work」からヒントをもらいました（www.thework.com）。

アクティビティ11
ネガティブなことを、ポジティブなことに変換する

ラティがやったように、だれでもネガティブな考えをポジティブな考えに変えることができます。

実際にやってみましょう。

…………………………………………

……………………………………………………………

……………………………………………………………
のとき、
……………………………………………………………

私は
……………………………………………………………

……………………………………………………………

……………………………………………………………

……………………………………………………………

……………………………………………………………

……………………………………………………………
と感じる。
……………………………………………………………

なのは、まさに

だからだ。

この人はどうするべき？

私は

するべきだ。

ネガティブな思考を置きかえる

この逆転の発想のおかげで、私は初めて自分を無条件に愛することを学びました。

むかむかっ！
なんていやなやつなの！
うまくいっているとき
だけじゃなくて、
いつだって彼は私を
無条件に愛すべきなのに！

彼は私のために、
ここにいるべきなのに！
特別なことを
求めているわけじゃない！
ただここにいてくれる
だけでいいのに！

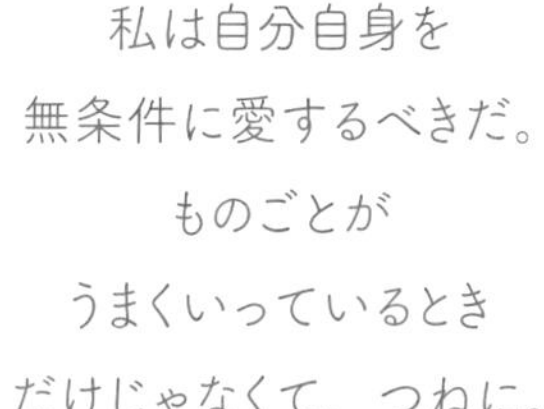

私は自分自身を
無条件に愛するべきだ。
ものごとが
うまくいっているとき
だけじゃなくて、つねに。

私は自分のために
ここにいるべきだ。
特別な目的の
ためじゃなく、
ただここにいるだけでいい。

ああ……

ほんとうにそのとおり。
ものごとが
うまくいっているときは、
自分のことが好きだけど、
いやなことがあると、
ほかのだれかに
なりたくなって、
別のどこかへいって
しまいたいって思う！

彼には私を
無条件で
愛してくれるよう
求めているのに、
自分は自分のことを
無条件に愛して
いないんだ……

そうだったのか。よし、学んでいこう！

愛しているよ。

何があっても。

悲しみたいだけ
悲しんで、
迷っていいよ。
私はここにいるから。

私はここにいるよ。
あなたのために、
いつもここにいるよ。

つらいときも、
いつもいるよ。

必要なだけ、
ここにいるよ。

愛してる。

息を吸って……

息を吐いて……

どのラジオ局に周波数を合わせてる？

ところで、このあいだ行った「コネクテッド・ユニバース」の
カンファレンスはどうだった？

すごくよかったよ！

ナシーム・ハラメイン*が、
宇宙の構造に関する最新の研究
について講演したんだ！

おもしろかった。カンファレンスの冒頭でね、
私たちはラジオのようなものだって言ってた。

ラジオ？

そう！　頭のなかにたくさんの思考がうず巻いているとしたら、
それは正しいラジオ局にチューニングされていない証拠なんだって。
その思考はただの雑音で、そんな状態は正常じゃないんだって。

それでね、私たちのラジオをチューニングするダイヤルは、
感情なんだって！　信じられる？

えっ？

でもどうやって、
感情のダイヤルをまわすの？

まだわからないんだけど、
きっと何か方法があるはず！

＊「統一場理論」や「コネクテッド・ユニバース」の理論を研究する物理学者。

ねぇ、
ダイヤルを見つけたよ！

どうやるの？

めっちゃ簡単！

喜びを感じた瞬間を
振り返って……

からだがどう感じたかを
思い出す……

するとどうでしょう！　喜びを感じる!!

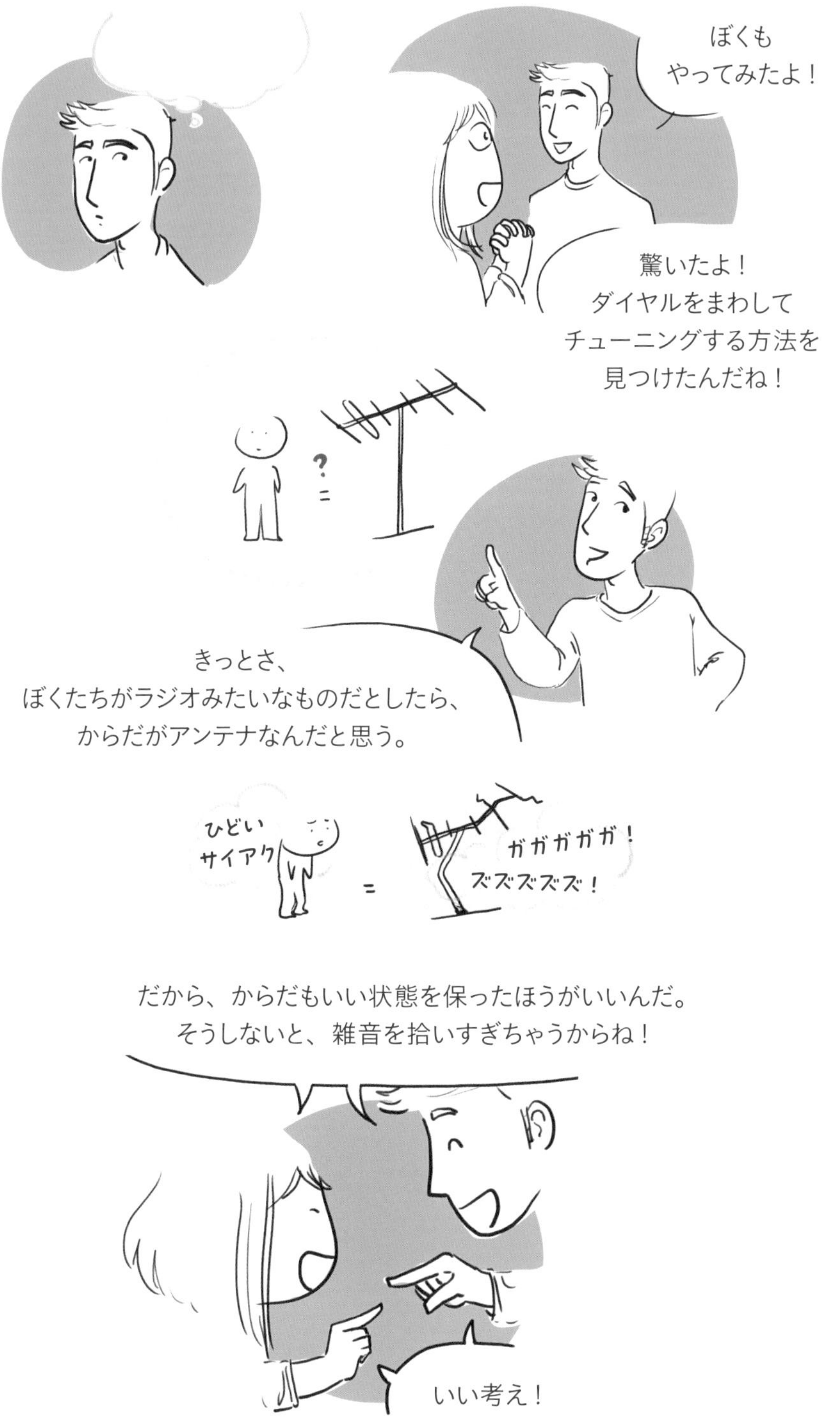

ぼくも
やってみたよ！

驚いたよ！
ダイヤルをまわして
チューニングする方法を
見つけたんだね！

?
=

きっとさ、
ぼくたちがラジオみたいなものだとしたら、
からだがアンテナなんだと思う。

ひどい
サイアク
=
ガガガガガ！
ズズズズズ！

だから、からだもいい状態を保ったほうがいいんだ。
そうしないと、雑音を拾いすぎちゃうからね！

コミックを描きはじめたころ、
私はとても不安で、
神経がたかぶっていました。

AOUT
18
ぜんぜん進まないのに、
時間だけが過ぎていく！

あるとき、ふと思ったのです。

クリエイティビティのラジオ局があったらどうだろう？
そのラジオ局に接続したら、必要なときにいつでも
創造的になれるのに。

せめて……
自分が創造的だったとき
のことを思い出そう……

流れ出るように
アイデアがわいてきて……
心にはなんの雑念もなく、
喜びに満ちていた！

そう！
こんな感じだった!!

スラ スラ スラ！

自分の感情のダイヤルをチューニングする方法を見つけられたことを、
とても誇りに思いました！

その後、ポール・ピロネーの神経言語プログラミング（NLP：Neuro-Linguistic Programming）
ワークショップで、このテクニックがすでに存在し、完成されていることを知りました！

目を閉じて、ほんとうに気分が
よかった瞬間を思い出して……
そのときのにおい、
感覚を思い浮かべて……
からだのどこでそれを感じましたか？
その感覚を色であらわせますか？
今度は、その感覚と色を
からだ全体へ、
そしてからだの外まで
広げていきましょう！

それができたら、目を閉じたまま一歩さがって、このとても気分のいい状態のからだから抜けだしていくところを想像してください。

準備ができたら、息を吸いながら、その気分のいい状態の
からだのなかに入っていって、決めておいたジェスチャーをします。

（10 回から 30 回、これを繰り返そう）

そしてもう一度、今度はさっきより強く、
喜びや幸福の気持ちを感じてみましょう。

悲しみ　　　　幸福

＊ NLPやヒプノセラピー（催眠療法）では、「アンカー」と呼ばれています。

お気に入りのラジオ局は？

感情に左右される必要は
ないってこと？　感情を選択して、
その感情を使って望む人生を
つくりだすことさえできるってこと？
そういうこと！
すごいよね ??
うーん、どうかな……
つい、かっとなって、
自分では止められない
こともあるし
そうだね！　私もよくあるよ。
きっと小さいころに、
強い感情を経験したことが
あるからだろうな……

……それで、ラジオの「お気に入りの局」を
登録しておくボタンみたいに、その感情が登録されちゃったってわけ。

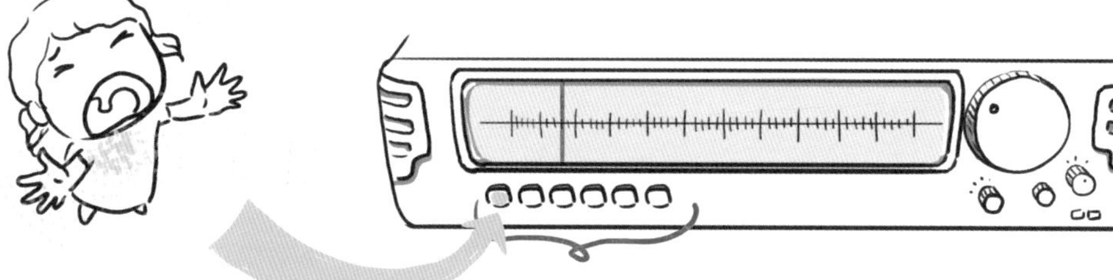

だから、特定の状況に
直面すると、
お気に入りの局の
スイッチが押されて、
過去の感情に
連れもどされちゃうんだと思う。

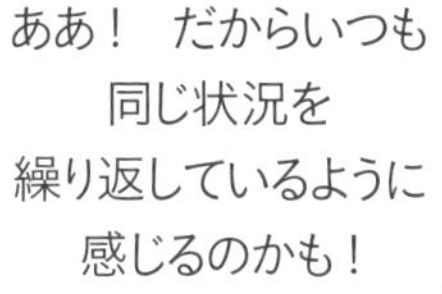

ああ！　だからいつも
同じ状況を
繰り返しているように
感じるのかも！
でも、お気に入りの
局は解除したり、
登録しなおしたりも
できるから安心して！
そうなんだ！　どうやるの？

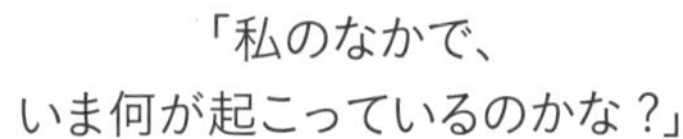

「私のなかで、
いま何が起こっているのかな？」

いちばん簡単な方法は、
ただその感情を
完全に受け入れること
(20ページに戻ってみよう)。
それだけ？
それで
うまくいくのかな？

そのころのあなたは、まだ傷つきやすい子どもでした。

強すぎる感情は、気持ちの回路を傷つけてしまうことがあるので、
脳の前頭前野がヒューズを飛ばして、あなたを守ったのです。

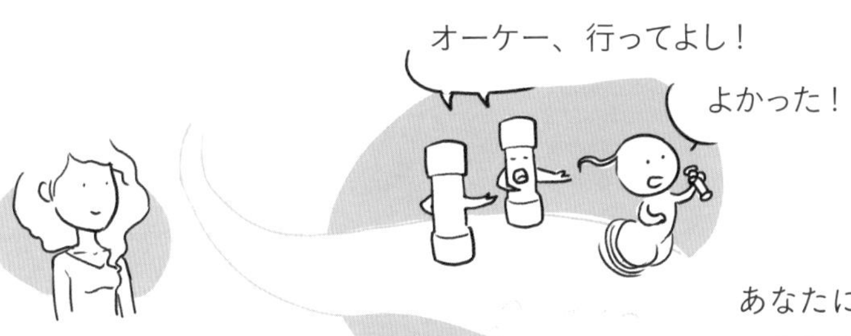

成長して
からだも十分に強くなったいまなら、
強い感情も歓迎して、
受け止めることができるようになります。

あなたに十分に受け止めて
もらえなかった感情は、

何度も戻ってきます！

それまでより少し強い感情になって戻って
くるかもしれないけれど、完全に
受け止めたら、きっとすっきりするはず！

その感情は去っていき、
二度と戻ってきません！

お気に入りの局も登録が解除されます！

リュック・ガイガーのNERTIメソッドからヒントをもらいました。

まさか！
そんな簡単にできるの？
できるよ！

ラジオ局を再登録するときは、
ただ完全にリラックスして……

……それから、将来経験したいことを思い浮かべて、
まるでそれがすでに起こっているかのように、
そのときに抱く感情を感じればいい！

ああ、それ聞いたことある、「引き寄せの法則」みたいなもんでしょう？
でも正直なところ、そういうのってちょっとあやしくない？
だって、なんでそんなことができるの？

ねぇ、
何か楽器弾ける？

え……？　うん、バイオリンを弾くけど。どうして？

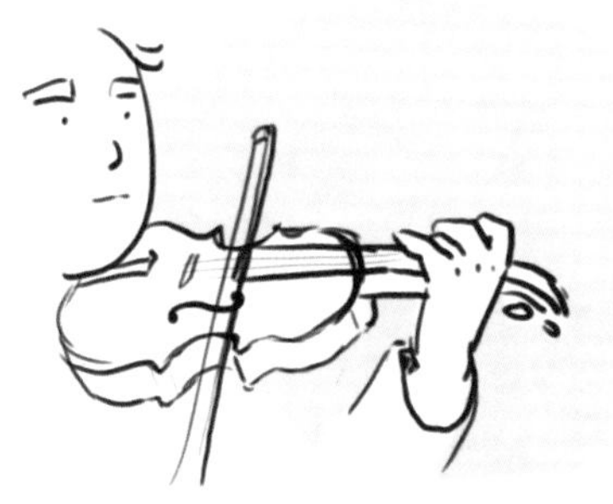

凡庸な音楽家と、
聴き手を心から感動させる音楽家は
何がちがうかわかる？

才能？

感情だって！

偉大な音楽家は、
その曲を「体現」している。
つまり曲全体を感じて
表現してるってわけ！

偉大な音楽家は
演奏を始める前から、
感情を抱いています！

そして演奏するときは、
その感情を聴衆の耳に
届けるのです……。

感情はすでにそこにあります……。
静寂のなかに……最初の音を奏でる前から。

ああ……たしかに。
私も演奏の前に
その曲に感情を抱いて、
それを音楽にのせて
伝えてるかも。

で、演奏中は、
感情が導いて
くれるんじゃない？
ちがう？

そう、そうなのよ！

それは人生でも同じこと。
何かをする前に抱く感情が、
あなたの行動を導いて、
なりたい自分になる手助けを
してくれるのです。

凡庸な演奏家のように人生を選ぶこともできるし、

望めば、

行動する前に経験したい気持ちを感じることで、巨匠になったつもりで、
自分の人生を芸術作品のようにつくり上げることもできるのです！

偉大なキャビン・アテンダントであり、ミディアム【訳注／霊的な世界と交信できる人】でもあるイブ・ロッシーとの会話からヒントを得ました！

アクティビティ12
喜びを見つける

　ふさぎこんでいるときは、自分の人生の幸せな瞬間を思い浮かべることで、気分をよくできます。そのような瞬間を、思い出せるかぎり詳しく描いてみてください。

何が見えましたか？

何が聞こえましたか？

どんなにおいがしましたか？

どんな味でしたか？

どんな感情でしたか？

うーん、気分がずっとよくなった！

パノラマで世界を見る

世界をどのように見るかによって感情が変化することを知っていますか？　私はしばらくのあいだ、周囲のようすを記憶にとどめ、その記憶をあとから描写するトレーニングをしていたことがあります。

そしてある日……

うわっ！　私、すごい早食いしている！
周囲のようすを記憶するのと、同じことをやってみたらどうだろう？
多感覚写真モード始動！
これじゃだめだ！
何も見えてない！

フレームをつけてみたらどうだろう？

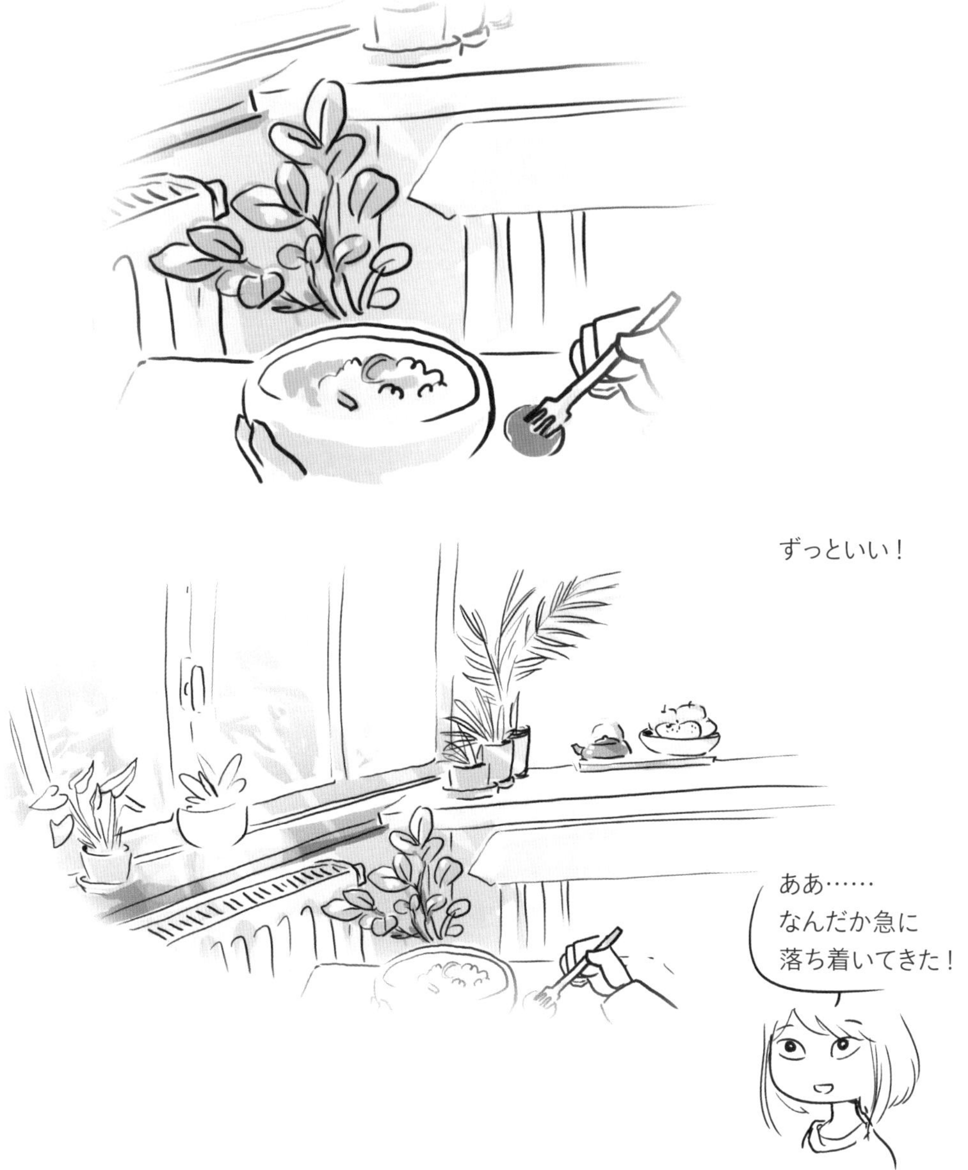

ずっといい！
ああ……
なんだか急に
落ち着いてきた！

そのとき、ふと友人の言葉を
思い出したのです。

「ゆううつな気分を
解消するために、
周辺視野を鍛える
エクササイズがあったんだ」

そうなの？
うん、ぼくたちは無意識のうちに、
狭い視野をサバイバルモードと結びつけ、
パノラマ・ビジョン、つまり広い視野は
安全な場所にいることと関連づけてるんだ。
うわっ！
景色をのんびり
眺めている
場合じゃない！
サバイバルモード
安全モード

実際、それはとても強力で、私たちは、自分が抱く心的イメージを変えることで、何かを好きになる（あるいは好きにならない）ように、自分自身を条件づけることができるのです！

いっしょにエクササイズをやってみない？
もっと楽しめたらいいのにって思う
苦手なことはない？

年度末の経理作業！

＊ソビ・レビの自己催眠ワークショップから
ヒントを得ました。

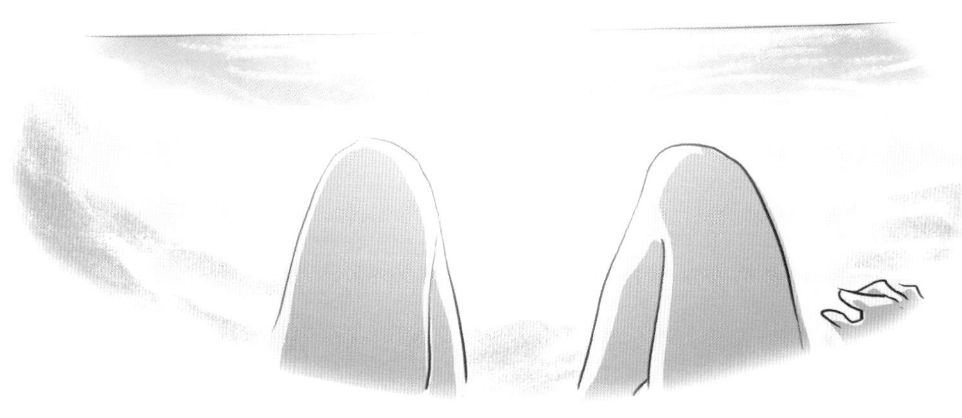

・その画像は暗いですか？　明るいですか？
・ぼやけていますか？　はっきりしていますか？
・色は鮮やかですか？　白黒ですか？
・においや香りは感じますか？　音や質感はどうですか？
・あなたは外から自分のことを見ていますか？
それともその画像のなかにいて、周りの景色を見ていますか？

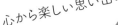

心から楽しい思い出の場合

・パノラマの画像
・とても明るい
・鮮明な画像
・鮮やかな色彩
・潮の香り、波の音、砂の感触
・自分の姿は見えない。私は画像のなかにいて、
周りの景色を見ている。

今度は、領収書の整理や
税金の計算をするときのことを
思い浮かべてください。
その画像はどこにありますか？
どのような感じですか？

とても小さくて、
左下にあります。
暗くて、ぼやけています。

準備はいいですか？
あなたの楽しい記憶の特徴を活用していきましょう。

（ハハハ、これじゃあ、
やる気が起こらないわけだ！）

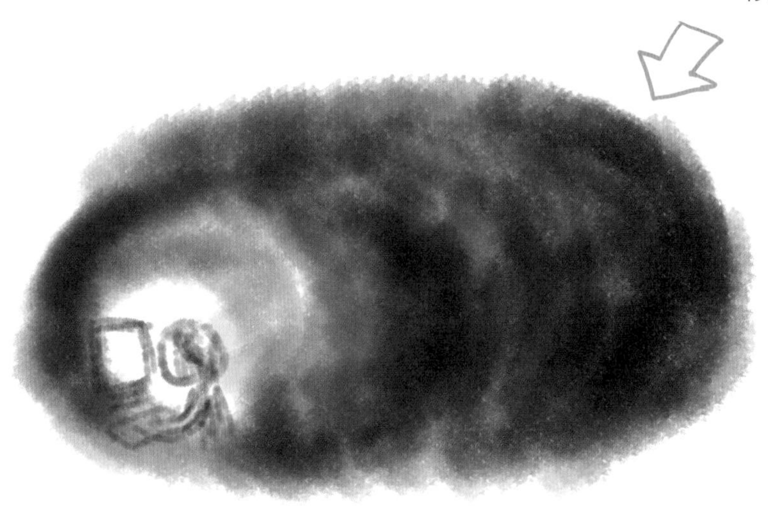

画像を取りだして、パノラマにしてみましょう。

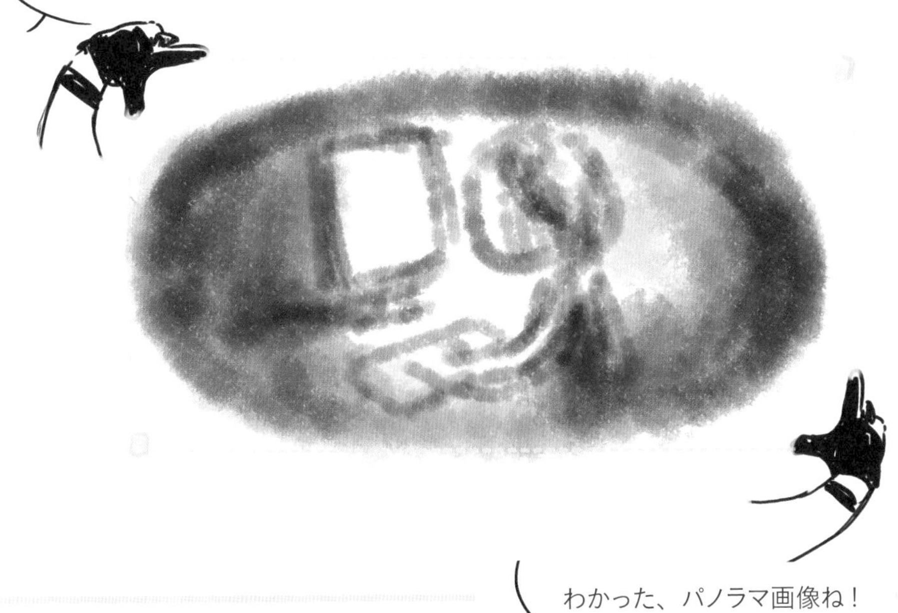

わかった、パノラマ画像ね！

光を加えて、
明るくして
ください。

照明：
チェック！

細かいところまで
はっきり
させてください。

細かい
ところ：
チェック！

あなたの好きな
香りや質感を
感じてください。

紅茶の香りを加えて、
窓を通り抜ける風を
感じて……

この画像が気に入りましたか？
このなかに入りたいですか？

はい！
入ります！

最終結果：

どう？　年度末の経理作業を
してもいいって気がしてきた？
うん！
土曜日の午後に
やるつもり！
デスクの上に、
観葉植物も
置いてみようかな！

修正前

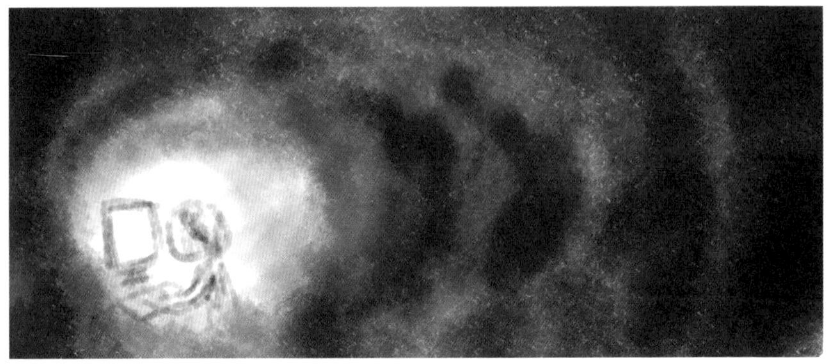

やる気メーター：20

修正後

やる気メーター：80

私たちは、何かをいやだと思うように
自分自身を仕向けることもできるし、
つらい記憶をやわらげるために
修正することもできるのです。

私自身は、あとで修正しなくてもいいように、
その場ですぐに、いい画像を取りこんでいくようにしています！

ああ……
この画像は
ちょっと悲しい！

どうりで
憂鬱な気分に
なったわけだ！

このほうがずっといい！

それに、人生が旅だとしたら、
旅の途中ではすてきな写真を
撮りたいと思いませんか？

アクティビティ13
見方を変える

いま座っている場所のパノラマ画像を描いてください。
現実よりも明るい、カラフルな画像にしましょう！

感情をあらわす言葉を見つけよう

自分の気持ちを表現する言葉を増やすために、
トイレに単語リストを貼ってみたことがあります……。

ところがその 2 年後に、知り合いとあいさつをかわしたとき、
私の答えは何も変わっていなかったのです。

でもそのあと、感情というのは、開いているか閉じているか、
そして外向きか内向きかで表現できることを発見しました。

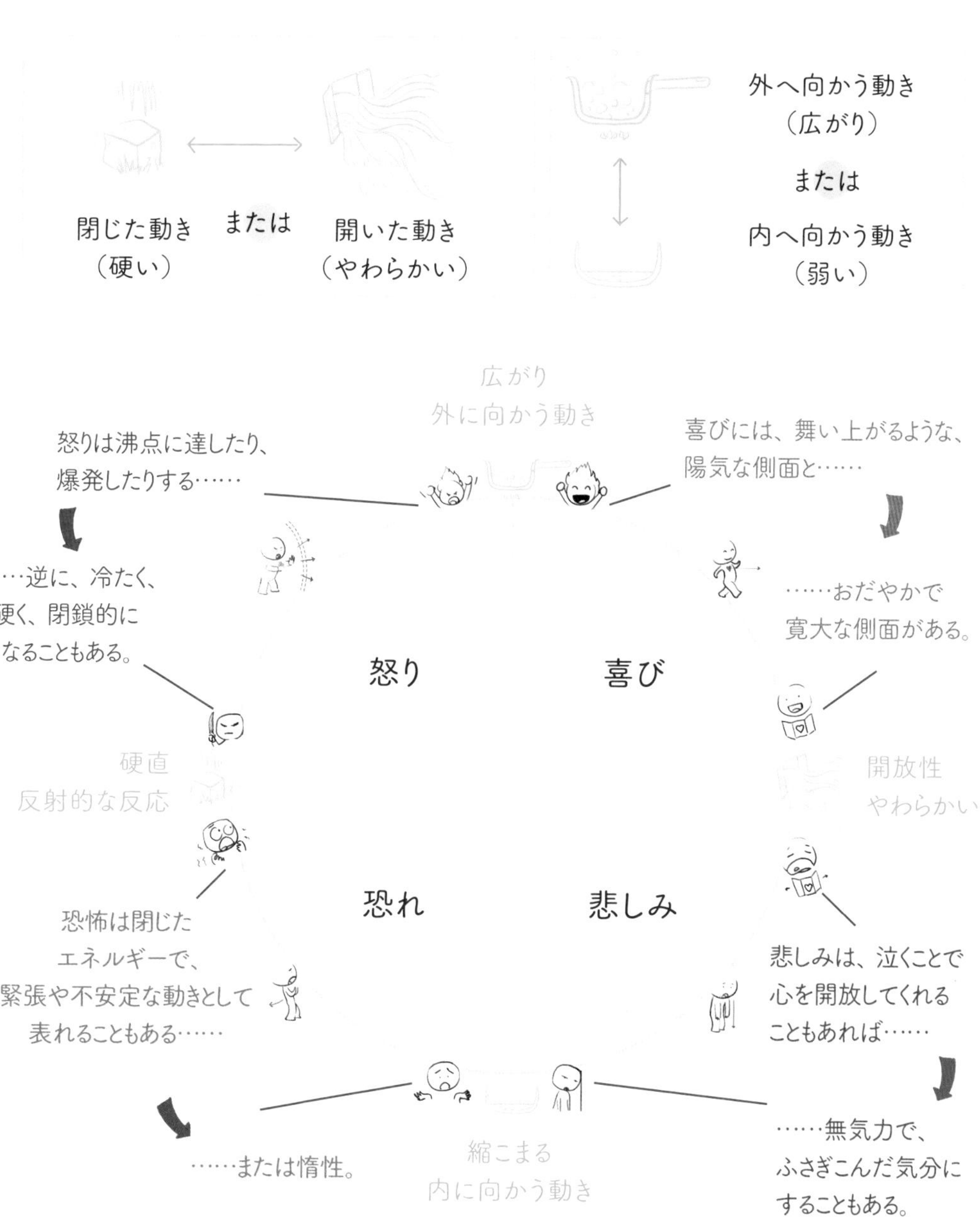
閉じた動き
（硬い）
または
開いた動き
（やわらかい）
外へ向かう動き
（広がり）
または
内へ向かう動き
（弱い）
広がり
外に向かう動き
怒りは沸点に達したり、
爆発したりする……
喜びには、舞い上がるような、
陽気な側面と……
……逆に、冷たく、
硬く、閉鎖的に
なることもある。
……おだやかで
寛大な側面がある。
怒り
喜び
硬直
反射的な反応
開放性
やわらかい
恐れ
悲しみ
恐怖は閉じた
エネルギーで、
緊張や不安定な動きとして
表れることもある……
悲しみは、泣くことで
心を開放してくれる
こともあれば……
……または惰性。
縮こまる
内に向かう動き
……無気力で、
ふさぎこんだ気分に
することもある。

アドリアン・ピレのカンファレンスからヒントを得ました。

へぇ……おもしろいな。
でも、これがどう
役に立つの？
それがさ！
おかげで自分の感情を
表現する言葉を
簡単に見つけられるように
なったんだ……!
言葉

広がり
外向きの動き

うんざりした　快活な
逆上した　激怒した　過度に興奮した　有頂天になった
ワクワクした　大喜びした
嫉妬した　嫌気がさした　生き生きとした　誇りに思った　開放的な
かんかんになる　しゃくにさわる　心を奪われた　エネルギーに満ちた　ありがたい
熱烈な　気分爽快な
幻滅した　うれしい　感謝した
嫌悪感を抱いた　不満を持った　歓喜した　充足感のある
陽気な　やる気がある　希望に満ちた
うらやんでいる　うろたえた　愉快な　幸せな　刺激を受けた
腹を立てた　喜びに満ちた

怒り　**喜び**

いやな　いらだった　感嘆した　自由な
満足した　元気な　驚嘆した　愛情にあふれた
むっとした　上機嫌な
不機嫌な　取りみだした　快調な　慈愛に満ちた
気まずい　好奇心をそそられた
むしゃくしゃした　魅了された　心を動かされた
憤慨した　はつらつとした　感動した
張りつめた　集中した　優しい
静かな　落ち着きはらった
冷酷な　狼狽した　興味深げな
おだやかな
冷静な

静穏

閉鎖性
硬直性
反射的な反応

開放性
やわらかさ

気楽な
怖々とした　落ち着かない　落ち着いた　くよくよした　みじめな
傷ついた
びくびくした　怖気づいた　はっきりしない　失望した　悲しみに沈んだ
ぎょっとした　決めかねた
気乗りしない
不安に駆られた　問題を抱えた　困惑した　しょげた　憂鬱な　悲嘆にくれた
驚いた　胸が痛む
まごついた　警戒した
怖い　居心地が悪い　無関心な　不幸な
臆病な

恐れ　**悲しみ**

動揺した　圧倒された　当惑した　疲れた　悲しい
ふさぎこんだ
恐れおののいた　控えめな　飽き飽きした　もの悲しい　途方にくれた
おろおろした
へとへとな　くじけた
恐れている　心配した　閉塞感のある　空虚な　孤独な　絶望した
ぞっとする　がっかりした
不安を感じた　苦悩に満ちた　落胆した
心許ない　無力な　打ちひしがれた　意気消沈した
おびえた
気がかりな　過度に疲弊した　気落ちした
重荷に感じた　物憂げな
弱々しい

縮こまる
内向きの動き

わぁ！
すごい！

これで、どう感じているかを
あらわす言葉を簡単に見つけることが
できるようになったんだ！

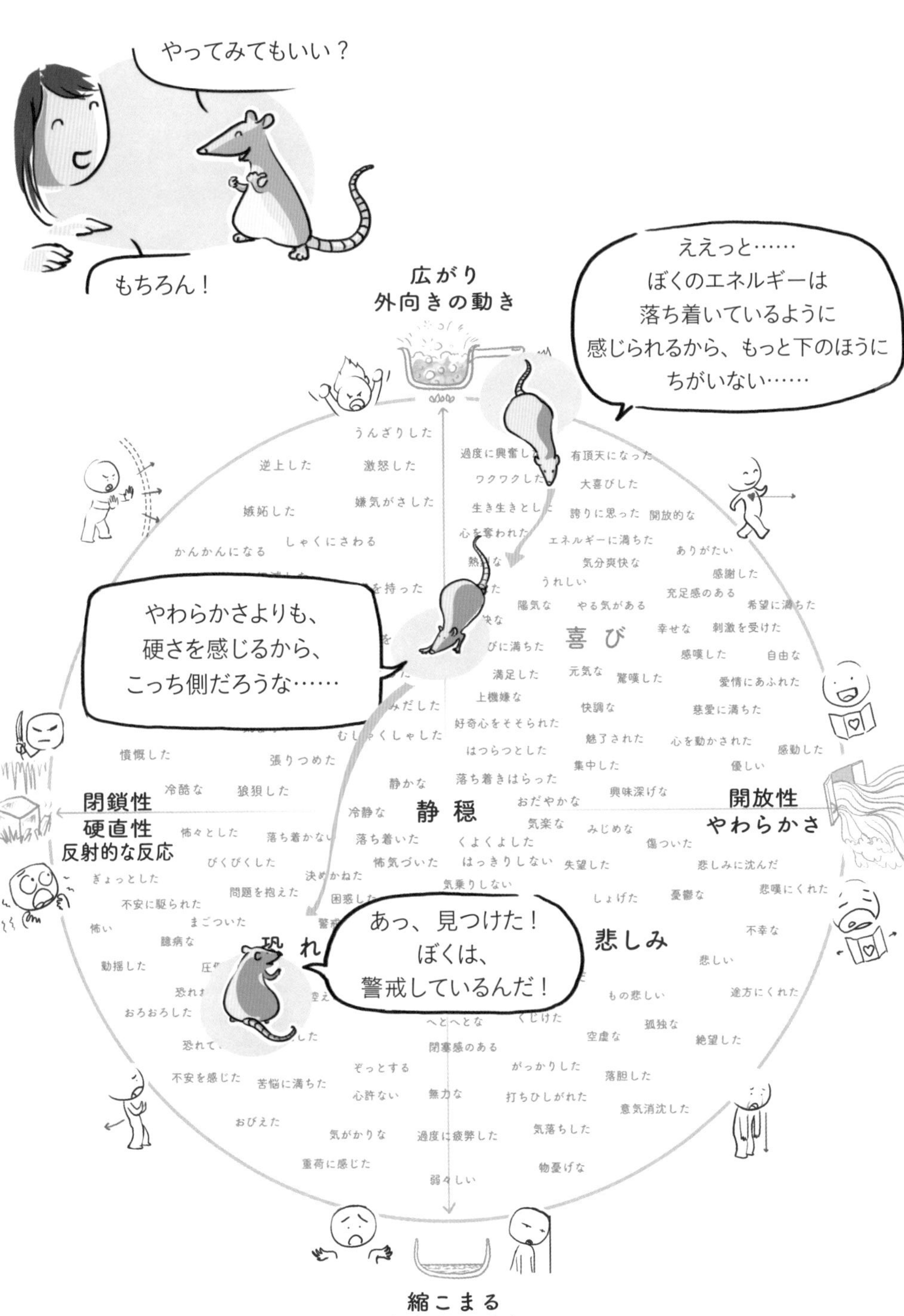
やってみてもいい？
もちろん！
広がり
外向きの動き
ええっと……
ぼくのエネルギーは
落ち着いているように
感じられるから、もっと下のほうに
ちがいない……
うんざりした
逆上した
激怒した
嫌気がさした
嫉妬した
しゃくにさわる
かんかんになる
有頂天になった
大喜びした
誇りに思った
開放的な
エネルギーに満ちた
ありがたい
気分爽快な
感謝した
うれしい
充足感のある
陽気な
やる気がある
喜び
幸せな
刺激を受けた
感嘆した
自由な
満足した
元気な
驚嘆した
愛情にあふれた
上機嫌な
快調な
慈愛に満ちた
好奇心をそそられた
魅了された
心を動かされた
感動した
やわらかさよりも、
硬さを感じるから、
こっち側だろうな……
むしゃくしゃした
はつらつとした
集中した
優しい
憤慨した
張りつめた
静かな
落ち着きはらった
興味深げな
冷酷な
狼狽した
閉鎖性
硬直性
反射的な反応
冷静な
静穏
おだやかな
開放性
やわらかさ
怖々とした
落ち着いた
気楽な
みじめな
くよくよした
傷ついた
びくびくした
怖気づいた
はっきりしない
失望した
悲しみに沈んだ
ぎょっとした
決めかねた
問題を抱えた
気乗りしない
しょげた
憂鬱な
悲嘆にくれた
不安に駆られた
まごついた
怖い
臆病な
あっ、見つけた！
ぼくは、
警戒しているんだ！
悲しみ
不幸な
動揺した
悲しい
もの悲しい
途方にくれた
おろおろした
へとへとな
くじけた
孤独な
空虚な
絶望した
閉塞感のある
がっかりした
落胆した
ぞっとする
不安を感じた
苦悩に満ちた
心許ない
無力な
打ちひしがれた
意気消沈した
おびえた
気がかりな
過度に疲弊した
気落ちした
重荷に感じた
物憂げな
弱々しい
縮こまる
内向きの動き

広がり
外向きの動き

怒り

うんざりした
逆上した
激怒した
嫉妬した
嫌気がさした
かんかんになる
しゃくにさわる
幻滅した
嫌悪感を抱いた
不満を持った
うらやんでいる
うろたえた
腹を立てた
いやな
いらだった
むっとした
取りみだした
不機嫌な
気まずい
むしゃくしゃした
憤慨した
張りつめた

快活な
過度に興奮した
有頂天になった
ワクワクした
大喜びした
生き生きとした
誇りに思った
心を奪われた
熱烈な
気分爽快
歓喜した
うれしい
陽気な
愉快な
熱烈な
慈愛に満ちた
興味深げな

静穏

静かな
冷静な
おだやかな
気楽な
落ち着いた
くよくよした
はっきりしない
気乗りしない

やわらかさ

傷ついた
失望した
悲しみに沈んだ
胸が痛む
居心地が悪い
無関心な
疲れた
当惑した
ふさぎこんだ
恐れおののいた
飽き飽きした
おろおろした
へとへとな
くじけた
恐れている
閉塞感のある
空虚な
がっかりした
落胆した
不安を感じた
無力な
打ちひしがれた
意気消沈した
気がかりな
過度に疲弊した
気落ちした
重荷に感じた
物憂げな
弱々しい

縮こまる
内向きの動き

アクティビティ14
感情チャート

自分の気持ちをあらわす言葉が見つからないときは、いつでもこのページに戻り、感情チャートを使ってぴったりの表現を探してください。

自分だけの言葉を追加することもできます！

広がり
外向きの動き

うんざりした
快活な
逆上した
激怒した
過度に興奮した
有頂天になった
ワクワクした
大喜びした
嫉妬した
嫌気がさした
生き生きとした
誇りに思った
開放的な
かんかんになる
しゃくにさわる
心を奪われた
エネルギーに満ちた
ありがたい
熱烈な
気分爽快な
幻滅した
感謝した
嫌悪感を抱いた
不満を持った
歓喜した
うれしい
充足感のある
陽気な
やる気がある
希望に満ちた
うらやんでいる
うろたえた
愉快な
幸せな
刺激を受けた
腹を立てた
喜びに満ちた

喜び

怒り

いやな
感嘆した
自由な
いらだった
満足した
元気な
驚嘆した
愛情にあふれた
むっとした
上機嫌な
不機嫌な
取りみだした
快調な
慈愛に満ちた
気まずい
好奇心をそそられた
むしゃくしゃした
魅了された
心を動かされた
憤慨した
はつらつとした
感動した
張りつめた
集中した
優しい
静かな
落ち着きはらった
冷酷な
狼狽した
興味深げな

閉鎖性
硬直性
反射的な反応

おだやかな
開放性
やわらかさ

冷静な

静穏

気楽な
怖々とした
落ち着かない
落ち着いた
みじめな
くよくよした
傷ついた
びくびくした
怖気づいた
はっきりしない
失望した
悲しみに沈んだ
ぎょっとした
決めかねた
気乗りしない
問題を抱えた
悲嘆にくれた
不安に駆られた
困惑した
しょげた
憂鬱な
驚いた
胸が痛む
まごついた
警戒した
怖い
居心地が悪い
無関心な
臆病な

恐れ

悲しみ

不幸な
疲れた
動揺した
圧倒された
当惑した
悲しい
ふさぎこんだ
恐れおののいた
飽き飽きした
控えめな
もの悲しい
途方にくれた
おろおろした
くじけた
へとへとな
孤独な
心配した
恐れている
空虚な
閉塞感のある
絶望した
ぞっとする
がっかりした
不安を感じた
落胆した
苦悩に満ちた
心許ない
無力な
打ちひしがれた
意気消沈した
おびえた
気落ちした
気がかりな
過度に疲弊した
重荷に感じた
物憂げな
弱々しい

縮こまる
内向きの動き

感情の奥に隠れたメッセージを見つける

感情チャートを
うまく活用してる？
うーん、最初はよかったんだけど、
あのチャートのせいで、何人かに
嫌われたみたいなんだ！
何があったの？
自分の気持ちを
表現したんだよ……。
……でも、
うまくいかない
ときもあったんだ！
うれしいよ！
関心ないね！
うんざり
したよ！
がっかりだね！

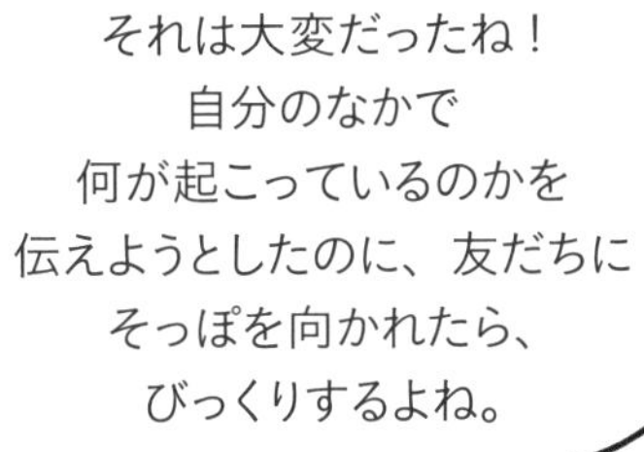
それは大変だったね！
自分のなかで
何が起こっているのかを
伝えようとしたのに、友だちに
そっぽを向かれたら、
びっくりするよね。

そうなんだよ！
自分の気持ちを
どう伝えればいいのか、
わからなく
なっちゃった！

このパターンから抜けだすために、
私たちの感情の奥に何が隠れているのかを
探してみようか！　やってみたい？
どうやるの？
いっしょに調べてみよう！

（2巻につづく！）

用語集

はり治療 —— 中国の伝統医学に基づく治療法。からだの特定の部位（ツボ）に細いはりを刺すことで、エネルギーの経路を刺激してバランスを整えます。23ページでアールメラとラティがやっているように、ツボを叩くだけでも効果を体験できます！

バミューダトライアングル —— フロリダ、プエルトリコ、バミューダに囲まれた大西洋上のエリア。飛行機や船が突如消息を絶ち、跡形もなく消える場所として知られています。なぜそんなことが起こるのか、はっきりした原因がわかっておらず、科学者たちがいまも解明を試みています！

条件づけ —— 反復と関連づけによって思考や行動を変えるプロセス。たとえばアールメラは、肯定的なイメージと結びつけるように訓練することで、経理の作業に対するやる気を感じられるようになりました。

複数時空 —— 未来、現在、過去など、複数の時間軸を持つこと。

NERTIテクニック ——「Non-Emotional Rehearsal Technique and Integration（非感情的リハーサルテクニックと統合）」。大きなストレス負荷がかかる状況で冷静に反応する練習をすると、いざというときにも練習したように自動的に反応できるようになります。

神経回路のつながり —— 脳の異なる領域が互いにコミュニケーションをとる経路。

神経言語プログラミング（NLP） —— 人間に固有の経験をつくりだすために、どのように言語を用いているかを研究するメソッド。人々のコミュニケーションを向上させるために活用されています。

非暴力コミュニケーション（NVC） —— 共感と理解を重視するコミュニケーション法。

プラーナヤマ ―― ヨガの呼吸法。呼吸をコントロールすることで、リラックス、集中力、健康や幸福感の向上がうながされます。

前頭前野 ―― 額のうしろに位置する脳の領域。意思決定、問題解決、感情のコントロールなど、多くの役割を担っています。

心理的境界線 ―― 他者との関係において安全で尊重されていると感じる、目に見えない境界線。家庭や学校に私たちの安全を守るためのルールがあるように、私たちも、他人からどのように扱われたいかというルールをもっています。

クォンタム・ヒーリング（量子ヒーリング） ―― 心とからだはつながっていると考える、心とからだの健康のためのアプローチ。思考や感情を変えることで、からだの健康によい影響を与えられると考えられています。

気功 ―― ゆっくりとした静かな動き、深い呼吸、マインドフルネスをともなう、運動と瞑想を組み合わせたもの。

潜在意識 ―― 自分では完全には気づいていない考えや感情を保持している心の一部。これらの思考や感情は、私たちが意識しないうちに行動や気分に影響を与えることがあります。

TIPIメソッド ―― からだの感覚をチューニングすることで、感情を解放する手法。

無条件 ―― 自分を無条件に愛するということは、何をしようが何が起ころうが、つねにありのままの自分を受け入れ、大切にするということを意味します。

この本ができるまで

著者 アールメラ・レオン

マダガスカル生まれ。17歳でフランスに渡り、グラフィックデザイン、モーションデザイン、アート、テクノロジーを学ぶ。

情熱をもって勉強に打ちこみ、勉学にすべてを捧げた。ところが、社会人生活のスタートはショックの連続。えっ？　こんな人生を送りたかったんだっけ？　薄暗い部屋で１日８時間、コンピュータの前で過ごせって？　環境汚染に加担して、自分が地球を破壊するウイルスみたいに感じなきゃならないの？　ありえない！

こうして、私の「意味」探しの旅が始まりました。パーマカルチャー【訳注：永続性（パーマネント）と農業（アグリカルチャー）、文化（カルチャー）を組み合わせた造語。家庭やコミュニティ、ビジネスにおいて、持続可能な環境を創造するためのデザイン体系】を学び、瞑想、太極拳、気功、武術にも取り組みました。意識、心とからだのつながり、そして自然の法則を探求するうちに、これらの知識をみんなに伝えたいという欲求がむくむくと芽生えてきました。どれも人生の礎となる大事な知識であるにもかかわらず、これまで学ぶ機会がなかったことに驚いたのです。

そこで、2013年にコミック・ブログの執筆をスタート。軽快で遊び心のあるイラストを活用して、自分の気づきや学びをシェアしていきました。2014年には、教育と科学研究分野を中心にグラフィックデザイナーとしても活動しました。……だって世界の変革は教育から始まるから。そうでしょう？

ところが、この時期に経験した嵐のような人間関係のおかげで、自分とは無関係のことだと思っていた激しい怒りが自分の内側にも存在すること、そして自分にはコミュニケーションスキルがまったくないことに気づかされたのです!!

そんなとき、NVC(非暴力コミュニケーション)に出会いました。NVCを学ぶことで善意の理想と、自分自身や人間関係を実際に大切にする手段とのあいだをつなぐリンクを見つけたように感じました。そこで、世界を変えるより、まず自分の人生を変えようと決心したのです! それからは、夢を実現させるために多くの時間を割いてがんばりました!

ところが、私が実際に発見したことといえば、自分自身と自分の夢のあいだにある恐怖や不安といった障害ばかりでした……。それでも、私にひとつ強みがあるとすれば、それは何でも学ぶことができるという信念です!

起業のためのスキルが不足していれば講座を受講するし、感情が邪魔をするのなら、感情を解放するテクニックのトレーニングに挑戦する。自己破壊的な行動が牙をむきはじめたら、自己催眠のテクニックを学べばいい。どんな問題だって必ず解決策が見つかるはず……。

そして、うまくいきました! 人生が、描いていた夢のとおりになっていったのです。興味深い人たちにめぐり会い、科学からスピリチュアル、セラピー、量子まで多岐にわたる刺激的なアイデアに出合いました。そんなとき、出版社から連絡をもらいました。私のコミック・ブログを出版したいというのです。

2015年、Pourpenser Editionsから、初の著書『Friandises philosophiques(哲学的なご馳走)』(未邦訳)が刊行されました。それをきっかけに、今度は自分の人生を変えた感情ツールをすべて共有したいという思いがわいてきました。どうして学校では、こうした重要なツールを教えてくれないのでしょう?

こうして本書が誕生しました!

読者のみなさんの信頼とサポート、励ましに感謝します。
愛とインスピレーションを与えてくれたオリヴィエにもお礼を。読んで、シェアしてくれてありがとう。そして、プルパンセ出版のアリーヌ・ド・ペティーニ、アルベール・ド・ペティーニ。おふたりの輝くような人柄に、そして私を信頼してくれたことにお礼を申し上げます。いつもそばにいてくれた家族。ワークショップやカンファレンス、日々の生活のなかで、私に知識やアイデアを授け、本書を創作するきっかけを与えてくれたすべての人に、心からの感謝を込めて。

Notes

【著者紹介】

アールメラ（Art-mella）

◉——マダガスカル生まれ。17歳でフランスに渡り、グラフィックデザイン、モーションデザイン、アート、テクノロジーを学ぶ。薄暗い部屋で1日8時間コンピュータの前で過ごす社会人生活に疑問をもち、自分探しの旅へ出る。2013年にコミック・ブログの執筆をスタート。

◉——この時期に経験した嵐のような人間関係のおかげで、自分とは無関係のことだと思っていた激しい怒りが自分の内側にも存在すること、そして自分にはコミュニケーションスキルがまったくないことに気づき、NVC（非暴力コミュニケーション）に出合う。

◉——自分の人生を変えた感情ツールをすべて共有したいという思いから本書を手掛けた。

【訳者紹介】

鈴木ファストアーベント理恵（Rie Suzuki-Fastabend）

◉——英語・ドイツ語翻訳者。学習院大学法学部政治学科卒業、ロンドン・スクール・オブ・エコノミクス（LSE）国際関係学修士課程修了。訳書に『熟睡者』『もし親友が婦人科医で、何でも聞けるとしたら？』『怒らないをやってみた子育てライフ』（いずれも、サンマーク出版）、『Amazon 創業者ジェフ・ベゾスのお金を生み出す伝え方』（文響社）などがある。

わたしのめちゃくちゃな心の片づけ方

2024年7月8日　第1刷発行

著　者——アールメラ

訳　者——鈴木ファストアーベント理恵

発行者——齊藤　龍男

発行所——株式会社かんき出版

東京都千代田区麴町4-1-4 西脇ビル　〒102-0083

電話　営業部：03(3262)8011㈹　編集部：03(3262)8012㈹

FAX　03(3234)4421　　振替　00100-2-62304

https://kanki-pub.co.jp/

印刷所——シナノ書籍印刷株式会社

　ISBN978-4-7612-7748-2 C0030